Delicias Doces

Cociñando Bolos con Magia

Sofía Martínez

TÁBOA DE CONTIDOS

Bolo de goteo de granxa 12

Pan de xenxibre americano con salsa de limón 13

Pan de xenxibre de café 15

Bolo de crema de xenxibre 16

Bolo de xenxibre de Liverpool 17

Pan de xenxibre de avea 18

Pan de xenxibre pegajoso 20

Pan de xenxibre integral 21

Bolo de mel e améndoas 22

Bolo con xeo de limón 23

Anel de té xeado 24

Bolo de Lardy 26

Bolo de lardy de sementes de alcaravea 27

Bolo de mármore 28

Bolo de capas de Lincolnshire 29

Bolo de pan 30

Bolo de marmelada 31

Bolo de sementes de amapola 32

Bolo de iogur simple 33

Bolo de ameixas e natilla 34

Bolo de framboesas con glaseado de chocolate 36

Bolo de area 37

Bolo de sementes 38

Bolo de anel con especias 39

Bolo de capas picante 40

Bolo de azucre e canela 41

Bolo de té vitoriano.. 42

Bolo de froitas todo en un 43

Bolo de froitas todo en un 44

Bolo de froitas australiano 45

Bolo rico americano 46

Bolo de froitas de algarroba... 48

Bolo de froitas de café 49

Bolo pesado de Cornualles.. 51

Bolo de groselha 52

Bolo de froitas escuras... 53

Bolo de corte e volta 55

Bolo Dundee... 56

Bolo de froitas durante a noite sen ovos 57

Bolo de froitas infalible 58

Bolo de froitas de xenxibre 60

Bolo de froitas de mel de granxa 61

Bolo de Génova... 62

Bolo de froitas Glacé 64

Bolo de froitas Guinness 65

Bolo de carne picada.. 66

Bolo de froitas de avea e albaricoque.................................... 67

Bolo de froitas durante a noite 68

Bolo de pasas e especias 69

Bolo de Richmond 70

Bolo de froitas con azafrán 71

Bolo de froitas de soda 72

Bolo rápido de froitas 73

Bolo de froitas con té quente 74

Bolo de froitas de té frío 75

Bolo de froitas sen azucre 76

Bolos de froitas pequenas 77

Bolo de froitas con vinagre 78

Bolo de whisky Virginia 79

Bolo de froitas galesas 80

Bolo de froitas brancas 81

Bolo de mazá 82

Bolo de mazá especiado con crocante 83

Bolo de mazá americano 84

Bolo de puré de mazá 85

Tarta de mazá de sidra 86

Bolo de mazá e canela 87

Torta de mazá española 88

Bolo de mazá e sultana 90

Bolo de mazá ao revés 91

Bolo de Damasco 92

Bolo de albaricoque e xenxibre 93

Torta de Damasco Tipsy 94

Bolo de plátano 95

Bolo de plátano con remate crocante 96

Esponxa de plátano 97

Bolo de plátano rico en fibra 98

Bolo de plátano e limón 99

Bolo de Chocolate de Banana Blender 100

Bolo de plátano e cacahuete 101

Bolo de plátano e pasas todo en un 102

Bolo de plátano e whisky 103

Bolo de arándanos 104

Bolo de adoquín de cereixas 105

Bolo de cereixa e coco 106

Bolo de cereixa e sultana 107

Bolo xeado de cereixas e noces 108

Bolo de Damson 109

Bolo de dátiles e noces 110

Bolo de limón 111

Bolo de laranxa e améndoa 112

Bolo de Avea 113

Bolo de mandarín xeado 114

Bolo de laranxa 115

Bolo de pexego 116

Bolo de laranxa e marsala 117

Bolo de pexego e pera 118

Bolo de ananás húmido 119

Bolo de piña e cereixa 120

Torta de piña natal 121

Piña ao revés 122

Bolo de ananás e noces 123

Bolo de framboesas 124

Bolo de Ruibarbo 125

Bolo de mel de ruibarbo 126

Bolo de remolacha 127

Bolo de cenoria e plátano 128

Bolo de cenoria e mazá 129

Bolo de cenoria e canela 130

Bolo de cenoria e cabaciño 131

Bolo de cenoria e xenxibre 132

Bolo de cenoria e noces 133

Bolo de cenoria, laranxa e noces 134

Bolo de cenoria, ananás e coco 135

Bolo de cenoria e pistacho 136

Bolo de cenoria e noces 137

Bolo de cenoria especiado 138

Bolo de cenoria e azucre moreno 140

Bolo de cabaciño e medula 141

Bolo de cabaciño e laranxa 142

Bolo de cabaciño especiado 143

Bolo de cabaza 145

Bolo de cabaza con froitas 146

Rolo de cabaza especiado 147

Bolo de ruibarbo e mel 149

Bolo de pataca doce 150

Bolo italiano de améndoas 152

Torta de améndoa e café 153

Bolo de améndoa e mel 154

Bolo de améndoa e limón 155

Bolo de améndoas con laranxa 156

Bolo rico de améndoas 157

Bolo de macarrón sueco 158
Pan de coco 159
Bolo de coco 160
Bolo de coco dourado 161
Bolo de capas de coco 162
Bolo de coco e limón 163
Bolo de ano novo de coco 164
Bolo de coco e sultana 165
Bolo de noces con tapa crocante 166
Bolo Mixto de Noces 167
Bolo de noces gregas 168
Bolo xeado de noces 169
Bolo de noces con crema de chocolate 170
Bolo de noces con mel e canela 171
Barras de améndoa e mel 172
Barras de crumble de mazá e groselha negra 174
Barras de albaricoque e avea 175
Crunchies de Damasco 176
Barras de plátano de noces 177
Brownies americanos 178
Brownies de Chocolate Fudge 179
Brownies de noces e chocolate 180
Barras de manteiga 181
Tarxeta de caramelo de cereixa 182
Bandeja de Chips de Chocolate 183
Capa de Crumble de Canela 184
Barras de canela pegajosas 185

Barras de coco 186

Barras de bocadillos de coco e marmelada 187

Data e Apple Traybake 188

Rebanadas de data 189

Barras de citas da avoa 190

Barras de data e avea 191

Barras de dátiles e noces 192

Barras de Fig 193

Flapjacks 194

Flapjacks de cereixa 195

Flapjacks de chocolate 196

Flapjacks de froitas 197

Flapjacks de froitas e noces 198

Flapjacks de xenxibre 199

Flapjacks de noces 200

Shortbreads de limón afilados 201

Prazas de moca e coco 202

Ola Dolly Cookies 204

Barras de noces e chocolate de coco 205

Cadrados de noces 206

Rebanadas de pacanas de laranxa 207

Parkin 208

Barras de manteiga de cacahuete 209

Rebanadas de picnic 210

Barras de ananás e coco 211

Bolo de levadura de ameixa 212

Barras de cabaza americana 214

Barras de marmelo e améndoa... 215
Barras de pasas 217
Avea de framboesa cadrados... 218

Bolo de goteo de granxa

Fai unha torta de 18 cm

225 g/8 oz/11/3 cuncas de froitas secas (mestura de bolo de froitas)

75 g/3 oz/1/3 cunca de carne de tenreira (acurto)

150 g/5 oz/2/3 cunca de azucre moreno brando

250 ml/8 fl oz/1 cunca de auga

225 g/8 oz/2 cuncas de fariña integral (integral).

5 ml/1 cda de levadura en po

2,5 ml/½ cucharadita de bicarbonato de sodio (bicarbonato de sodio)

5 ml/1 cucharadita de canela moída

Un chisco de noz moscada relada

Un chisco de cravo moído

Poña a ebulición a froita, goteando, azucre e auga nunha tixola de base pesada e cociña durante 10 minutos. Deixar arrefriar. Mestura o resto dos ingredientes nunha tigela, despois bota a mestura derretida e mestura suavemente. Poñer nunha culler de 18 cm/7 nun molde de bolo engrasado e forrado e cocer nun forno prequentado a 180°C/350°F/gas marca 4 durante 1 hora e media ata que suba ben e se encolle dos lados do molde.

Pan de xenxibre americano con salsa de limón

Fai unha torta de 20 cm

225 g/8 oz/1 cunca de azucre moído (superfino).

50 g/2 oz/¼ cunca de manteiga ou margarina, derretida

30 ml/2 culleres de sopa de melaza negra (melaza)

2 claras de ovo, lixeiramente batidas

225 g/8 oz/2 cuncas de fariña simple (para todo uso).

5 ml/1 cucharadita de bicarbonato de sodio (bicarbonato de sodio)

5 ml/1 cucharadita de canela moída

2,5 ml/½ cucharadita de cravo moído

1,5 ml/¼ cucharadita de xenxibre moído

Un chisco de sal

250 ml/8 fl oz/1 cunca de leite de leite

Para a salsa:

100 g/4 oz/½ cunca de azucre moído (superfino).

30 ml/2 culleradas de fariña de millo (fécula de millo)

Un chisco de sal

Un chisco de noz moscada relada

250 ml/8 fl oz/1 cunca de auga fervendo

15 g/½ oz/1 cucharada de manteiga ou margarina

30 ml/2 culleres de sopa de zume de limón

2,5 ml/½ cucharadita de casca de limón ralada finamente

Mestura o azucre, a manteiga ou a margarina e a melaza. Mesturar as claras. Mestura a fariña, o bicarbonato de sodio, as especias e o sal. Mestura a mestura de fariña e o leite de leite alternativamente á mestura de manteiga e azucre ata que estea ben mesturado. Colocar nun molde de bizcocho de 20 cm untado e enfariñado e cocer no forno prequente a 200°C/400°F/gas marca 6 durante 35 minutos ata que un pincho introducido no centro saia limpo. Deixar arrefriar na lata durante 5 minutos antes de pór nunha reixa para rematar de arrefriar. O bolo pódese servir frío ou morno.

Para facer a salsa, mestura o azucre, a fariña de millo, o sal, a noz moscada e a auga nunha tixola a lume lento e remove ata que estea ben mesturado. Ferva, mexendo, ata que a mestura estea espesa e clara. Mestura a manteiga ou a margarina e o zume de limón e a casca e cociña ata que estea mesturado. Despeje o pan de xenxibre para servir.

Pan de xenxibre de café

Fai unha torta de 20 cm

200 g/7 oz/1¾ cuncas de fariña autolevantada

10 ml/2 cucharaditas de xenxibre moído

10 ml/2 cdas de café instantáneo granulado

100 ml/4 fl oz/½ cunca de auga quente

100 g/4 oz/½ cunca de manteiga ou margarina

75 g/3 oz/¼ cunca de xarope dourado (millo claro).

50 g/2 oz/¼ cunca de azucre moreno brando

2 ovos, batidos

Mestura a fariña e o xenxibre. Disolver o café na auga quente. Derrita a margarina, o xarope e o azucre, despois mestura cos ingredientes secos. Mestura o café e os ovos. Verter nun molde de 20 cm engraxado e forrado e cocer nun forno prequentado a 180 °C/350 °F/gas marca 4 durante 40-45 minutos ata que estea ben levado e elástico ao tacto.

Bolo de crema de xenxibre

Fai unha torta de 20 cm

175 g/6 oz/¾ cunca de manteiga ou margarina, amolecida

150 g/5 oz/2/3 cunca de azucre moreno brando

3 ovos, lixeiramente batidos

175 g/6 oz/1½ cuncas de fariña autolevantada

15 ml/1 colher de sopa de xenxibre moído Para o recheo:

150 ml/¼ pt/2/3 cunca de nata dobre (pesada).

15 ml/1 colher de sopa de azucre glas (repostería), peneirado

5 ml/1 cucharadita de xenxibre moído

Bate a manteiga ou a margarina e o azucre ata que estea lixeiro e esponxoso. Engade pouco a pouco os ovos, despois a fariña e o xenxibre e mestura ben. Culler en dous moldes de bocadillos de 20 cm/ 8 engraxados e forrados e cocer nun forno prequentado a 180°C/350°F/gas marca 4 durante 25 minutos ata que estean ben levados e elásticos ao tacto. Deixar arrefriar.

Bata a nata co azucre e o xenxibre ata que estea ríxida, despois úsaa para emparellar os bolos.

Bolo de xenxibre de Liverpool

Fai unha torta de 20 cm

100 g/4 oz/½ cunca de manteiga ou margarina

100 g/4 oz/½ cunca de azucre demerara

30 ml/2 culleres de sopa de xarope dourado (millo claro).

225 g/8 oz/2 cuncas de fariña simple (para todo uso).

2,5 ml/½ cucharadita de bicarbonato de sodio (bicarbonato de sodio)

10 ml/2 cucharaditas de xenxibre moído

2 ovos, batidos

225 g/8 oz/11/3 cuncas de sultanas (uvas pasas douradas)

50 g/2 oz/½ cunca de xenxibre cristalizado (confitado), picado

Derreter a manteiga ou a margarina co azucre e o xarope a lume suave. Retirar do lume e mesturar ben os ingredientes secos e o ovo. Mesturar as sultanas e o xenxibre. Colocar nunha culler nun molde cadrado de 20 cm/8 cm de espesor e cocer nun forno prequentado a 150 °C/300 °F/gas marca 3 durante 1 hora e media ata que estea suave ao tacto. O bolo pode afundirse un pouco no centro. Deixar arrefriar na lata.

Pan de xenxibre de avea

Fai unha torta de 35 x 23 cm/14 x 9 in

225 g/8 oz/2 cuncas de fariña integral (integral).

75 g/3 oz/¾ cunca de avea laminada

5 ml/1 cucharadita de bicarbonato de sodio (bicarbonato de sodio)

5 ml/1 cda de crema tártara

15 ml/1 colher de sopa de xenxibre moído

225 g/8 oz/1 cunca de manteiga ou margarina

225 g/8 oz/1 cunca de azucre moreno brando

Mestura a fariña, a avea, o bicarbonato de sodio, a crema tártara e o xenxibre nun bol. Esfregue a manteiga ou a margarina ata que a mestura semella pan relado. Mestura o azucre. Preme a mestura firmemente nun molde engraxado de 35 x 23 cm/14 x 9 e coce nun forno prequente a 160 °C/325 °F/marca de gas 3 durante 30 minutos ata que estean dourados. Cortar en cadradiños mentres aínda quente e deixar arrefriar completamente na lata.

Pan de xenxibre laranxa

Fai unha torta de 23 cm

450 g/1 lb/4 cuncas de fariña simple (para todo uso).

5 ml/1 cucharadita de canela moída

2,5 ml/½ cucharadita de xenxibre moído

2,5 ml/½ cucharadita de bicarbonato de sodio (bicarbonato de sodio)

175 g/6 oz/2/3 cunca de manteiga ou margarina

175 g/6 oz/2/3 cunca de azucre moído (superfino).

75 g/3 oz/½ cunca de casca de laranxa glacé (confitada), picada

A casca ralada e o zume de media laranxa grande

175 g/6 oz/½ cunca de xarope dourado (millo claro), quente

2 ovos, lixeiramente batidos

Un pouco de leite

Mestura a fariña, as especias e o bicarbonato de sodio, despois esfregue a manteiga ou a margarina ata que a mestura semella pan relado. Incorpórase o azucre, a casca de laranxa e a casca, despois fai un pozo no centro. Mestura o zume de laranxa e o xarope quente, despois mestura os ovos ata que teña unha consistencia suave, engadindo un pouco de leite se é necesario. Bata ben, despois colócala nun molde cadrado de 23 cm/9 engraxado e coce nun forno prequecido a 160°C/325°F/gas marca 3 durante 1 hora ata que estea ben levado e elástico ao tacto.

Pan de xenxibre pegajoso

Fai unha torta de 25 cm

275 g/10 oz/2½ cuncas de fariña simple (para todo uso).

10 ml/2 cucharaditas de canela moída

5 ml/1 cucharadita de bicarbonato de sodio (bicarbonato de sodio)

100 g/4 oz/½ cunca de manteiga ou margarina

175 g/6 oz/½ cunca de xarope dourado (millo claro).

175 g/6 oz/½ cunca de melaza negra (melaza)

100 g/4 oz/½ cunca de azucre moreno brando

2 ovos, batidos

150 ml/¼ pt/2/3 cunca de auga quente

Mesturar a fariña, a canela e o bicarbonato de sodio. Derreter a manteiga ou a margarina co xarope, a melaza e o azucre e verter nos ingredientes secos. Engade os ovos e a auga e mestura ben. Verter nun molde cadrado de 25 cm/10 engraxado e forrado. Ás nun forno precalentado a 180 °C/350 °F/gas marca 4 durante 40-45 minutos ata que estea ben levado e elástico ao tacto.

Pan de xenxibre integral

Fai unha torta de 18 cm

100 g/4 oz/1 cunca de fariña simple (para todo uso).

100 g/4 oz/1 cunca de fariña integral (integral).

50 g/2 oz/¼ cunca de azucre moreno brando

50 g/2 oz/1/3 cunca de sultanas (uvas pasas douradas)

10 ml/2 cucharaditas de xenxibre moído

5 ml/1 cucharadita de canela moída

5 ml/1 cucharadita de bicarbonato de sodio (bicarbonato de sodio)

Un chisco de sal

100 g/4 oz/½ cunca de manteiga ou margarina

30 ml/2 culleres de sopa de xarope dourado (millo claro).

30 ml/2 culleres de sopa de melaza negra (melaza)

1 ovo, lixeiramente batido

150 ml/¼ pt/2/3 cunca de leite

Mestura os ingredientes secos. Derreter a manteiga ou a margarina co xarope e a melaza e mesturar cos ingredientes secos co ovo e o leite. Colocar nun molde de 18 cm engraxado e forrado de 18 cm e cocer nun forno prequente a 160 °C durante 1 hora ata que estea sólida ao tacto.

Bolo de mel e améndoas

Fai unha torta de 20 cm

250 g/9 oz de cenoria, ralada

65 g/2½ oz de améndoas, finamente picadas

2 ovos

100 g/4 oz/1/3 cunca de mel transparente

60 ml/4 culleres de sopa de aceite

150 ml/¼ pt/2/3 cunca de leite

100 g/4 oz/1 cunca de fariña integral (integral).

25 g/1 oz/¼ cunca de fariña simple (para todo uso).

10 ml/2 cucharaditas de canela moída

2,5 ml/½ cucharadita de bicarbonato de sodio (bicarbonato de sodio)

Un chisco de sal

Glaseado de limón

Unhas poucas améndoas en escamas (laminadas) para decorar

Mestura as cenorias e as noces. Bata os ovos nunha tigela separada, despois mestura o mel, o aceite e o leite. Mesturar as cenorias e as noces, despois incorporar os ingredientes secos. Colocar nunha culler de 20 cm/8 cm nun molde para bolo e cocer nun forno prequentado a 150°C/300°F/gas marca 2 durante 1–1¼ horas ata que estea ben levado e elástico ao tacto. Deixar arrefriar na lata antes de desfacerse. Regar co glaseado de limón e despois decorar con améndoas en escamas.

Bolo con xeo de limón

Fai unha torta de 18 cm

100 g/4 oz/½ cunca de manteiga ou margarina, amolecida

100 g/4 oz/½ cunca de azucre moído (superfino).

2 ovos

100 g/4 oz/1 cunca de fariña simple (para todo uso).

50 g/2 oz/½ cunca de arroz moído

2,5 ml/½ cucharadita de levadura en po

A casca ralada e o zume de 1 limón

100 g/4 oz/2/3 cunca de azucre glas (reposteiro), tamizado

Bate a manteiga ou a margarina e o azucre ata que estea lixeiro e esponxoso. Mestura os ovos un a un, batendo ben despois de cada engadido. Mestura a fariña, o arroz moído, o fermento en po e a casca de limón e, a continuación, métese na mestura. Colocar nunha culler de 18 cm/7 nun molde para bolo (forma) e cocer nun forno prequentado a 180°C/350°F/gas marca 4 durante 1 hora ata que estea suave ao tacto. Retirar da lata e deixar arrefriar.

Mestura o azucre glas cun pouco de zume de limón ata que quede suave. Culler sobre o bolo e deixalo arreglar.

Anel de té xeado

Porcións 4-6

150 ml/¼ pt/2/3 cunca de leite morno

2,5 ml/½ cucharadita de levadura seca

25 g/1 oz/2 culleres de sopa de azucre moído (superfino).

25 g/1 oz/2 culleres de sopa de manteiga ou margarina

225 g/8 oz/2 cuncas de fariña simple (pan) forte

1 ovo batido Para o recheo:

50 g/2 oz/¼ cunca de manteiga ou margarina, amolecida

50 g/2 oz/¼ cunca de améndoas moídas

50 g/2 oz/¼ cunca de azucre moreno brando

Para a cobertura:

100 g/4 oz/2/3 cunca de azucre glas (reposteiro), tamizado

15 ml/1 colher de sopa de auga morna

30 ml/2 culleres de sopa de améndoas en escamas (laminadas).

Verter o leite sobre a levadura e o azucre e mesturar. Deixar nun lugar cálido ata que estea espumosa. Frota a manteiga ou a margarina na fariña. Incorpórase a mestura de fermento e o ovo e bata ben. Cubra a tixela con película engrasada (envoltura de plástico) e deixe nun lugar cálido durante 1 hora. Amasar de novo, despois darlle forma a un rectángulo duns 30 x 23 cm/12 x 9 polgadas. Estender a manteiga ou margarina para o recheo sobre a masa e espolvorear con améndoas moídas e azucre. Enrola nunha salchicha longa e forma un anel, selando os bordos cun pouco de auga. Corta dous terzos do rolo a uns 3 cm/1½ en intervalos e colócao nunha bandexa para hornear (galletas) untada. Deixar nun lugar cálido durante 20 minutos. Ás nun forno precalentado a 200 °C/425 °F/gas 7 durante 15 minutos. Reduce a temperatura do forno a 180 °C/350 °F/gas 4 durante 15 minutos máis.

Mentres tanto, mestura o azucre glas e a auga para facer un glaseado. Cando estea arrefriado, untar a torta e decorar con améndoas en escamas.

Bolo de Lardy

Fai unha torta de 23 x 18 cm/9 x 7 pulgadas

15 g/½ oz de levadura fresca ou 20 ml/4 cdas de levadura seca

5 ml/1 cucharadita de azucre moído (superfino).

300 ml/½ pt/1¼ cuncas de auga morna

150 g/5 oz/2/3 cunca de porco de porco (curto)

450 g/1 lb/4 cuncas de fariña forte (pan).

Un chisco de sal

100 g/4 oz/2/3 cunca de sultanas (uvas pasas douradas)

100 g/4 oz/2/3 cunca de mel transparente

Mestura a levadura co azucre e un pouco da auga morna e deixa nun lugar cálido durante 20 minutos ata que estea espumosa.

Frota 25 g/1 oz/2 culleres de sopa de manteca de porco na fariña e sal e fai un pozo no centro. Despeje a mestura de fermento e a auga morna restante e mestura ata conseguir unha masa dura. Amasar ata que estea suave e elástico. Coloque nun recipiente engrasado, cubra con papel film (envoltura de plástico) e deixe nun lugar cálido durante aproximadamente 1 hora ata que dobre o seu tamaño.

Cortar a porco de porco restante. Amasar de novo a masa, despois estirar un rectángulo duns 35 x 23 cm/14 x 9 polgadas. Cubra os dous terzos superiores da masa cun terzo da porco de porco, un terzo das sultanas e un cuarto de o mel. Dobre o terzo liso da masa cara arriba sobre o recheo, despois dobre o terzo superior cara abaixo. Preme os bordos xuntos para selar, despois dálle á masa un cuarto de volta para que a dobra quede á túa esquerda. Estirar e repetir o proceso dúas veces máis para esgotar toda a manteca de porco e as sultanas. Poñer nunha folla de forno (galletas) untada e marcar un patrón cruzado na parte superior cun coitelo. Cubra e deixe nun lugar cálido durante 40 minutos.

Ás nun forno precalentado a 220 °C/425 °F/gas marca 7 durante 40 minutos. Regar a parte superior co mel restante e deixar arrefriar.

Bolo de lardy de sementes de alcaravea

Fai unha torta de 23 x 18 cm/9 x 7 pulgadas

450 g/1 lb Masa básica de pan branco

175 g/6 oz/¾ cunca de porco de porco (curto), cortado en anacos

175 g/6 oz/¾ cunca de azucre moído (superfino).

15 ml/1 cucharada de sementes de alcaravea

Prepare a masa e, a continuación, esténdea sobre unha superficie lixeiramente enfariñada ata formar un rectángulo duns 35 x 23 cm/14 x 9 polgadas. Unta os dous terzos superiores da masa coa metade da manteca de porco e a metade do azucre, e despois dobra o liso. terzo da masa, e dobre a parte superior un terzo cara abaixo. Dálle un cuarto de volta á masa para que o dobrado quede á túa esquerda, despois estea de novo e espolvoreo do mesmo xeito co resto de manteiga e azucre e as sementes de alcaravea. Dobra de novo, despois dálle forma a unha fonte de cocción (pan) e marca a parte superior en formas de diamante. Cubra con papel film engrasado (envoltura de plástico) e deixe nun lugar cálido uns 30 minutos ata que dobre o seu tamaño.

Ás nun forno precalentado a 200 °C/400 °F/gas marca 6 durante 1 hora. Deixar arrefriar na lata durante 15 minutos para que a graxa se penetre na masa, despois pásase nunha reixa para arrefriar completamente.

Bolo de mármore

Fai unha torta de 20 cm

175 g/6 oz/¾ cunca de manteiga ou margarina, amolecida

175 g/6 oz/¾ cunca de azucre moído (superfino).

3 ovos, lixeiramente batidos

225 g/8 oz/2 cuncas de fariña autolevantada

Unhas gotas de esencia de améndoa (extracto)

Unhas gotas de colorante alimentario verde

Unhas gotas de colorante alimentario vermello

Bate a manteiga ou a margarina e o azucre ata que estea lixeiro e esponxoso. Incorpórase aos ovos aos poucos e despois incorporase a fariña. Dividir a mestura en tres. Engade a esencia de améndoa a un terzo, o colorante alimentario verde a un terzo e o colorante vermello ao terzo restante. Botar culleradas grandes das tres mesturas alternativamente nun molde de 20 cm/8 engraxado e forrado e cocer nun forno prequentado a 180°C/350°F/marca de gas 4 durante 45 minutos ata que estea ben levado e elástico. o tacto.

Bolo de capas de Lincolnshire

Fai unha torta de 20 cm

175 g/6 oz/¾ cunca de manteiga ou margarina

350 g/12 oz/3 cuncas de fariña simple (para todo uso).

Un chisco de sal

150 ml/¼ pt/2/3 cunca de leite

15 ml/1 colher de sopa de levadura seca Para o recheo:

225 g/8 oz/11/3 cuncas de sultanas (uvas pasas douradas)

225 g/8 oz/1 cunca de azucre moreno brando

25 g/1 oz/2 culleres de sopa de manteiga ou margarina

2,5 ml/½ cucharadita de pementa moída

1 ovo, separado

Frota a metade da manteiga ou a margarina na fariña e o sal ata que a mestura semella pan relado. Quenta a manteiga ou a margarina restante co leite ata que estea quente a man, despois mestura un pouco coa levadura para formar unha pasta. Mestura a mestura de levadura e o leite e a manteiga restantes na mestura de fariña e amasa ata conseguir unha masa suave. Poñer nun recipiente con aceite, cubrir e deixar nun lugar cálido durante aproximadamente 1 hora ata que dobre o seu tamaño. Mentres tanto, coloque todos os ingredientes do recheo agás a clara de ovo nunha tixola a lume lento e deixe ata que se derrita.

Estirar unha cuarta parte da masa a un círculo de 20 cm/8 e untar cun terzo do recheo. Repita coas cantidades restantes de masa e recheo, cubrindo cun círculo de masa. Pintar os bordos con clara de ovo e selar. Ás nun forno precalentado a 190 °C/375 °F/gas marca 5 durante 20 minutos. Pincelamos a parte superior coa clara de ovo, despois volva ao forno durante 30 minutos máis ata que estea dourada.

Bolo de pan

Fai un bolo de 900 g/2 lb

175 g/6 oz/¾ cunca de manteiga ou margarina, amolecida

275 g/10 oz/1¼ cuncas de azucre moído (superfino).

A casca ralada e o zume de medio limón

120 ml/4 fl oz/½ cunca de leite

275 g/10 oz/2¼ cuncas de fariña autolevantada

5 ml/1 cda de sal

5 ml/1 cda de levadura en po

3 ovos

Azucre glas (de repostería), peneirado, para espolvorear

Bata a manteiga ou a margarina, o azucre e a casca de limón ata que estean lixeiros e esponxosos. Mestura o zume de limón e o leite, despois mestura a fariña, o sal e o fermento en po e mestura ata que quede suave. Engadir os ovos aos poucos, batendo ben despois de cada engadido. Coloque a mestura nunha tixola de 900 g engraxada e forrada e coce nun forno prequecido a 150 °F/300 °F/gas marca 2 durante 1¼ horas ata que estea suave ao tacto. Deixar arrefriar na lata durante 10 minutos antes de desfacerse para rematar de arrefriar nunha reixa. Servir espolvoreado con azucre glas.

Bolo de marmelada

Fai unha torta de 18 cm

175 g/6 oz/¾ cunca de manteiga ou margarina, amolecida

175 g/6 oz/¾ cunca de azucre moído (superfino).

3 ovos, separados

300 g/10 oz/2½ cuncas de fariña autolevantada

45 ml/3 culleres de sopa de marmelada espesa

50 g/2 oz/1/3 cunca de casca mesturada (confitada) picada

Casca ralada de 1 laranxa

45 ml/3 culleres de sopa de auga

Para o glaseado:
100 g/4 oz/2/3 cunca de azucre glas (reposteiro), tamizado

Zume de 1 laranxa

Unhas rodajas de laranxa cristalizada (confitada).

Bate a manteiga ou a margarina e o azucre ata que estea lixeiro e esponxoso. Incorpórase gradualmente as xemas de ovo, despois 15 ml/1 colher de sopa de fariña. Engade a marmelada, a casca mesturada, a casca de laranxa e a auga, despois incorpora a fariña restante. Bater as claras ata que estean firmes e, a continuación, dóbraas na mestura cunha culler de metal. Colocar nun molde de 18 cm engraxado e forrado de 18 cm/7 e cocer nun forno prequente a 180°C/350°F/gas marca 4 durante 1¼ horas ata que estea ben levado e elástico ao tacto. Deixar arrefriar na lata durante 5 minutos e, a continuación, pór nunha reixa para rematar de arrefriar.

Para facer o glaseado, colocamos o azucre glas nun bol e fai un pozo no centro. Incorporar pouco a pouco o zume de laranxa suficiente para darlle unha consistencia de extensión. Culler sobre o bolo e polos lados e deixar que se fixe. Decorar con rodajas de laranxa cristalizadas.

Bolo de sementes de amapola

Fai unha torta de 20 cm

250 ml/8 fl oz/1 cunca de leite

100 g/4 oz/1 cunca de sementes de papoula

225 g/8 oz/1 cunca de manteiga ou margarina, amolecida

225 g/8 oz/1 cunca de azucre moreno brando

3 ovos, separados

100 g/4 oz/1 cunca de fariña simple (para todo uso).

100 g/4 oz/1 cunca de fariña integral (integral).

5 ml/1 cda de levadura en po

Poñer a ferver o leite nunha tixola coas sementes de papoula, despois retirar do lume, tapar e deixar a remollo durante 30 minutos. Bate a manteiga ou a margarina e o azucre ata que estean pálidos e esponxosos. Incorpórase aos xemas aos poucos e, a continuación, incorpora as fariñas e o fermento en po. Mesturar as sementes de papoula e o leite. Bater as claras ata que estean firmes e, a continuación, dóbraas na mestura cunha culler de metal. Colocar nun molde de 20 cm engraxado e forrado de 20 cm e cocer no forno prequentado a 180°C/350°F/gas marca 4 durante 1 hora ata que un pincho introducido no centro saia limpo. Deixar arrefriar na lata durante 10 minutos antes de desfacerse para rematar de arrefriar nunha reixa.

Bolo de iogur simple

Fai unha torta de 23 cm

150 g/5 oz de iogur natural

150 ml/¼ pt/2/3 cunca de aceite

225 g/8 oz/1 cunca de azucre moído (superfino).

225 g/8 oz/2 cuncas de fariña autolevantada

10 ml/2 culleres de sopa de fermento en po

2 ovos, batidos

Mestura todos os ingredientes ata que quede homoxéneo, despois colócalo nun molde engraxado e forrado de 23 cm/9 nun molde. Ás nun forno precalentado a 160 °C/325 °F/gas marca 3 durante 1¼ horas ata que estea suave ao tacto. Deixar arrefriar na lata.

Bolo de ameixas e natilla

Fai unha torta de 23 cm

Para o recheo:

150 g/5 oz/2/3 cunca de ameixas secas (deshuesadas), picadas grosamente

120 ml/4 onzas líquidas/½ cunca de zume de laranxa

50 g/2 oz/¼ cunca de azucre moído (superfino).

30 ml/2 culleradas de fariña de millo (fécula de millo)

175 ml/6 fl oz/¾ cunca de leite

2 xemas de ovo

Casca finamente ralada de 1 laranxa

Para o bolo:

175 g/6 oz/¾ cunca de manteiga ou margarina, amolecida

225 g/8 oz/1 cunca de azucre moído (superfino).

3 ovos, lixeiramente batidos

200 g/7 oz/1¾ cuncas de fariña simple (para todo uso).

10 ml/2 culleres de sopa de fermento en po

2,5 ml/½ cucharadita de noz moscada relada

75 ml/5 culleres de sopa de zume de laranxa

Fai primeiro o recheo. Mollar as ameixas no zume de laranxa durante polo menos dúas horas.

Mestura o azucre e a fariña de millo ata formar unha pasta cun pouco de leite. Poña o leite restante a ferver nunha pota. Despeje o azucre e a fariña de millo e mestura ben, despois volva á tixola lavada e bate as xemas de ovo. Engadir a casca de laranxa e remover a lume moi suave ata que espese, pero non deixar ferver a crema. Poñer a pota nunha cunca con auga fría e remover a crema de cando en vez mentres se arrefría.

Para facer o bolo, bate a manteiga ou a margarina e o azucre ata que estea lixeiro e esponxoso. Incorpóranse os ovos aos poucos e, a continuación, incorporan a fariña, o fermento en po e a noz moscada alternando co zume de laranxa. Colocar a metade da masa nun molde de 23 cm/9 engraxado e, a continuación, estender a crema na parte superior, deixando un oco ao redor do bordo. Coloque as ameixas e o zume de remollo sobre a crema, despois cubra coa mestura de bolo restante, asegurándose de que a mestura de bolo sela no recheo polos lados e que o recheo estea completamente cuberto. Ás nun forno precalentado a 200 °C/400 °F/gas marca 6 durante 35 minutos ata que estean dourados e se encolle dos lados da lata. Deixar arrefriar na lata antes de desfacerse.

Bolo de framboesas con glaseado de chocolate

Fai unha torta de 20 cm

175 g/6 oz/¾ cunca de manteiga ou margarina, amolecida

175 g/6 oz/¾ cunca de azucre moído (superfino).

3 ovos, lixeiramente batidos

225 g/8 oz/2 cuncas de fariña autolevantada

100 g/4 oz de framboesas Para o glaseado e a decoración:

Glaseado de manteiga de chocolate branco

100 g/4 oz/1 cunca de chocolate simple (semidoce).

Bate a manteiga ou a margarina e o azucre ata que estea lixeiro e esponxoso. Incorpórase aos ovos aos poucos e despois incorporase a fariña. Triturar as framboesas en puré, despois fregar por unha peneira (coador) para eliminar as pepitas. Incorpórase o puré á mestura do bolo, só para que se manteña a mestura e non se mezcle. Coloque nunha culler de 20 cm/8 nun molde de bolo untado e forrado e coce no forno prequente a 180 °C/350 °C. F/ marca de gas 4 durante 45 minutos ata que estea ben levantado e elástico ao tacto. Transferir a unha reixa para arrefriar.

Estender o glaseado de manteiga sobre o bolo e endurecer a superficie cun garfo. Derrete o chocolate nunha tixela resistente á calor sobre unha pota con auga fervendo suavemente. Estender sobre unha folla de forno (galletas) e deixar ata case fixar. Raspe o plano dun coitelo afiado polo chocolate para facer rizos. Use para decorar a parte superior do bolo.

Bolo de area

Fai unha torta de 20 cm

75 g/3 oz/1/3 cunca de manteiga ou margarina, amolecida

75 g/3 oz/1/3 cunca de azucre moído (superfino).

2 ovos, lixeiramente batidos

100 g/4 oz/1 cunca de fariña de millo (almidón de millo)

25 g/1 oz/¼ cunca de fariña simple (para todo uso).

5 ml/1 cda de levadura en po

50 g/2 oz/½ cunca de noces mixtas picadas

Bate a manteiga ou a margarina e o azucre ata que estea lixeiro e esponxoso. Incorpórase aos ovos aos poucos, despois incorpora a fariña de millo, a fariña e o fermento en po. Verter a mestura nun molde cadrado de 20 cm/ 8 untado de manteiga e espolvorear as noces picadas. Ás nun forno precalentado a 180 °C/350 °F/gas marca 4 durante 1 hora ata que estea suave ao tacto.

Bolo de sementes

Fai unha torta de 18 cm

100 g/4 oz/½ cunca de manteiga ou margarina, amolecida

100 g/4 oz/½ cunca de azucre moído (superfino).

2 ovos, lixeiramente batidos

225 g/8 oz/2 cuncas de fariña simple (para todo uso).

25 g/1 oz/¼ cunca de sementes de alcaravea

5 ml/1 cda de levadura en po

Un chisco de sal

45 ml/3 culleres de sopa de leite

Bate a manteiga ou a margarina e o azucre ata que estea lixeiro e esponxoso. Incorpórase aos ovos aos poucos, despois incorpora a fariña, as sementes de alcaravea, o fermento en po e o sal. Mestura o leite suficiente para que quede consistencia. Colocar nun molde de 18 cm engraxado e forrado de 18 cm e cocer nun forno prequentado a 200 °C/400 °F/gas marca 6 durante 1 hora ata que estea elástico ao tacto e comece a encollerse polos lados. da lata.

Bolo de anel con especias

Fai un anel de 23 cm/9 in

1 mazá, pelada, pelada e ralada

30 ml/2 culleres de sopa de zume de limón

25 g/8 oz/1 cunca de azucre moreno brando

5 ml/1 cucharadita de xenxibre moído

5 ml/1 cucharadita de canela moída

2,5 ml/½ cucharadita de especias mesturadas (torta de mazá).

225 g/8 oz/2/3 cunca de xarope dourado (millo claro).

250 ml/8 fl oz/1 cunca de aceite

10 ml/2 culleres de sopa de fermento en po

400 g/14 oz/3½ cuncas de fariña simple (para todo uso).

10 ml/2 cucharaditas de bicarbonato de sodio (bicarbonato de sodio)

250 ml/8 fl oz/1 cunca de té forte quente

1 ovo, batido

Azucre glas (de repostería), peneirado, para espolvorear

Mestura o zume de mazá e de limón. Mestura o azucre e as especias, despois o xarope e o aceite. Engade o fermento en po á fariña e o bicarbonato de sodio ao té quente. Mestura estes alternativamente na mestura e despois mestura o ovo. Colocar nunha culler de 23 cm/9 nun molde de bolo profundo e cocer nun forno prequentado a 180 °C/350 °F/gas marca 4 durante 1 hora ata que estea suave ao tacto. Deixar arrefriar na lata durante 10 minutos e, a continuación, pór nunha reixa para rematar de arrefriar. Servir espolvoreado con azucre glas.

Bolo de capas picante

Fai unha torta de 23 cm

100 g/4 oz/½ cunca de manteiga ou margarina, amolecida

100 g/4 oz/½ cunca de azucre granulado

100 g/4 oz/½ cunca de azucre moreno brando

2 ovos, batidos

175 g/6 oz/1½ cuncas de fariña simple (para todo uso).

5 ml/1 cda de levadura en po

5 ml/1 cucharadita de canela moída

2,5 ml/½ cucharadita de bicarbonato de sodio (bicarbonato de sodio)

2,5 ml/½ cucharadita de especias mesturadas (torta de mazá).

Un chisco de sal

200 ml/7 fl oz/escaso 1 cunca de leite evaporado enlatado

Glaseado de manteiga de limón

Bate a manteiga ou a margarina e os azucres ata que estean lixeiros e esponxosos. Incorpórase aos ovos aos poucos, despois incorpora os ingredientes secos e o leite evaporado e mestura ata conseguir unha mestura suave. Colocar en dous moldes de 23 cm engraxados e forrados e cocer nun forno prequentado a 180°C/350°F/gas marca 4 durante 30 minutos ata que estea elástico ao tacto. Deixar arrefriar, despois emparedado con glaseado de manteiga de limón.

Bolo de azucre e canela

Fai unha torta de 23 cm

175 g/6 oz/1½ cuncas de fariña autolevantada

10 ml/2 culleres de sopa de fermento en po

Un chisco de sal

175 g/6 oz/¾ cunca de azucre moído (superfino).

50 g/2 oz/¼ cunca de manteiga ou margarina, derretida

1 ovo, lixeiramente batido

120 ml/4 fl oz/½ cunca de leite

2,5 ml/½ cucharadita de esencia de vainilla (extracto)

Para a cobertura:

50 g/2 oz/¼ cunca de manteiga ou margarina, derretida

50 g/2 oz/¼ cunca de azucre moreno brando

2,5 ml/½ cucharadita de canela moída

Bata todos os ingredientes do bolo ata que estean homoxénitos e ben mesturados. Colocar nunha culler de 23 cm/9 nun molde para bolo (forma) e cocer nun forno prequentado a 180°C/350°F/gas marca 4 durante 25 minutos ata que estean dourados. Pintar o bolo morno coa manteiga. Mestura o azucre e a canela e espolvoreo por riba. Volve o bolo ao forno durante 5 minutos máis.

Bolo de té vitoriano

Fai unha torta de 20 cm

225 g/8 oz/1 cunca de manteiga ou margarina, amolecida

225 g/8 oz/1 cunca de azucre moído (superfino).

225 g/8 oz/2 cuncas de fariña autolevantada

25 g/1 oz/¼ cunca de fariña de millo (fécula de millo)

30 ml/2 culleres de sopa de sementes de alcaravea

5 ovos, separados

Azucre granulado para espolvorear

Bate a manteiga ou a margarina e o azucre ata que estean pálidos e esponxosos. Engade a fariña, a fariña de millo e as sementes de alcaravea. Bater as xemas de ovo, despois mesturalas coa mestura. Bater as claras ata que estean ríxidas e, a continuación, dóbraas suavemente na mestura cunha culler de metal. Colocar nun molde de 20 cm/8 engraxado e forrado e espolvoreo con azucre. Ás nun forno precalentado a 180 °C/350 °F/marca de gas 4 durante 1 hora e media ata que estean dourados e comezan a encollerse dos lados da lata.

Bolo de froitas todo en un

Fai unha torta de 20 cm

175 g/6 oz/¾ cunca de manteiga ou margarina, amolecida

175 g/6 oz/¾ cunca de azucre moreno brando

3 ovos

15 ml/1 colher de sopa de xarope dourado (millo claro).

100 g/4 oz/½ cunca de cereixas glaseadas (confitadas).

100 g/4 oz/2/3 cunca de sultanas (uvas pasas douradas)

100 g/4 oz/2/3 cunca de pasas

225 g/8 oz/2 cuncas de fariña autolevantada

10 ml/2 cucharaditas de especias mesturadas (pastel de mazá).

Coloque todos os ingredientes nun bol e bata ata que estean ben mesturados ou procese nun procesador de alimentos. Poñer nun molde de 20 cm engraxado e forrado de 20 cm e cocer nun forno prequentado a 160 °C durante 1 hora e media ata que un pincho introducido no centro saia limpo. Deixar na lata durante 5 minutos e, a continuación, pór nunha reixa para rematar de arrefriar.

Bolo de froitas todo en un

Fai unha torta de 20 cm

350 g/12 oz/2 cuncas de froitas secas (mestura de bolo de froitas)

100 g/4 oz/½ cunca de manteiga ou margarina

100 g/4 oz/½ cunca de azucre moreno brando

150 ml/¼ pt/2/3 cunca de auga

2 ovos grandes, batidos

225 g/8 oz/2 cuncas de fariña autolevantada

5 ml/1 cucharadita de especias mesturadas (pastel de mazá).

Poñer nunha pota a froita, a manteiga ou a margarina, o azucre e a auga, deixar ferver e deixar ferver a lume lento durante 15 minutos. Deixar arrefriar. Mesturar as culleradas dos ovos alternativamente coa fariña e as especias mesturadas e mesturar ben. Colocar nunha culler de 20 cm/ 8 nun molde para bolo (forma) e cocer nun forno prequentado a 140°C/275°F/marca de gas 1 durante 1-1½ horas ata que un pincho introducido no centro saia limpo.

Bolo de froitas australiano

Fai un bolo de 900 g/2 lb

100 g/4 oz/½ cunca de manteiga ou margarina

225 g/8 oz/1 cunca de azucre moreno brando

250 ml/8 fl oz/1 cunca de auga

350 g/12 oz/2 cuncas de froitas secas (mestura de bolo de froitas)

5 ml/1 cucharadita de bicarbonato de sodio (bicarbonato de sodio)

10 ml/2 cucharaditas de especias mesturadas (pastel de mazá).

5 ml/1 cucharadita de xenxibre moído

100 g/4 oz/1 cunca de fariña autolevantada

100 g/4 oz/1 cunca de fariña simple (para todo uso).

1 ovo, batido

Poñer todos os ingredientes agás a fariña e o ovo a ferver nunha pota. Retirar do lume e deixar arrefriar. Mesturar as fariñas e o ovo. Poñer a mestura nun molde de 900 g engraxado e forrado e cocer nun forno prequentado a 160°C/325°F/gas marca 3 durante 1 hora ata que suba ben e se introduza un pincho no centro. fóra limpo.

Bolo rico americano

Fai unha torta de 25 cm

225 g/8 oz/1 1/3 cuncas de groselha

100 g/4 oz/1 cunca de améndoas branqueadas

15 ml/1 cullerada de sopa de auga de flor de laranxa

45 ml/3 culleres de sopa de xerez seco

1 xema de ovo grande

2 ovos

350 g/12 oz/1½ cuncas de manteiga ou margarina, amolecida

175 g/6 oz/¾ cunca de azucre moído (superfino).

Un chisco de maza moída

Unha pitada de canela moída

Un chisco de cravo moído

Unha pitada de xenxibre moído

Un chisco de noz moscada relada

30 ml/2 culleres de sopa de augardente

225 g/8 oz/2 cuncas de fariña simple (para todo uso).

50 g/2 oz/½ cunca de casca mesturada (confitada) picada

Mollar as groselhas en auga quente durante 15 minutos, despois escorrer ben. Moer as améndoas coa auga da flor de laranxa e 15 ml/1 cullerada de xerez ata que estean ben. Bater a xema e os ovos. Bata a manteiga ou a margarina e o azucre, despois mestura a mestura de améndoas e os ovos e bata ata que estea branca e espesa. Engadir as especias, o xerez restante e o brandy. Mesturar a fariña, despois mesturar as groselhas e a casca mesturada. Colocar nunha culler de 25 cm/10 nun molde de bolo untado e cocer no forno prequente a 180°C/350°F/gas marca 4 durante aproximadamente 1 hora ata que un pincho introducido no centro saia limpo.

Bolo de froitas de algarroba

Fai unha torta de 18 cm

450 g/1 lb/2 2/3 cuncas de pasas

300 ml/½ pt/1¼ cuncas de zume de laranxa

175 g/6 oz/¾ cunca de manteiga ou margarina, amolecida

3 ovos, lixeiramente batidos

225 g/8 oz/2 cuncas de fariña simple (para todo uso).

75 g/3 oz/¾ cunca de algarroba en po

10 ml/2 culleres de sopa de fermento en po

A casca ralada de 2 laranxas

50 g/2 oz/½ cunca de noces, picadas

Mollar as pasas no zume de laranxa durante a noite. Mestura a manteiga ou a margarina e os ovos ata que quede suave. Mestura gradualmente as pasas e o zume de laranxa e os ingredientes restantes. Colocar nun molde de 18 cm engraxado e forrado de 18 cm e cocer nun forno prequentado a 180 °C/350 °F/gas marca 4 durante 30 minutos, despois reducir a temperatura do forno a 160 °C/325 °C. F/gas marca 3 durante 1¼ horas máis ata que un pincho introducido no centro saia limpo. Deixar arrefriar na lata durante 10 minutos antes de pór nunha reixa para rematar de arrefriar.

Bolo de froitas de café

Fai unha torta de 25 cm

450 g/1 lb/2 cuncas de azucre moído (superfino).

450 g/1 lb/2 cuncas de dátiles descarados (deshuesados), picados

450 g/1 lb/22/3 cuncas de pasas

450 g/1 lb/22/3 cuncas de sultanas (uvas pasas douradas)

100 g/4 oz/½ cunca de cereixas glacé (confitadas), picadas

100 g/4 oz/1 cunca de noces mixtas picadas

450 ml/¾ pt/2 cuncas de café negro forte

120 ml/4 fl oz/½ cunca de aceite

100 g/4 oz/1/3 cunca de xarope dourado (millo claro).

10 ml/2 cucharaditas de canela moída

5 ml/1 cda de noz moscada ralada

Un chisco de sal

10 ml/2 cucharaditas de bicarbonato de sodio (bicarbonato de sodio)

15 ml/1 colher de sopa de auga

2 ovos, lixeiramente batidos

450 g/1 lb/4 cuncas de fariña simple (para todo uso).

120 ml/4 fl oz/½ cunca de xerez ou augardente

Poña a ebulición todos os ingredientes excepto o bicarbonato de sodio, a auga, os ovos, a fariña e o xerez ou o augardente nunha tixola de base pesada. Ferva durante 5 minutos, mexendo continuamente, despois retira do lume e deixa arrefriar.

Mestura o bicarbonato de sodio coa auga e engádese á mestura de froitas cos ovos e a fariña. Colócalo nun molde de 25 cm/10 untado e forrado e atar unha dobre capa de papel encerado por fóra para que quede sobre a parte superior do molde. Ás nun forno precalentado a 160 °C/325 °F/gas marca 3 durante 1 hora. Reducir a temperatura do forno a 150 °C/300 °F/gas marca 2 e cocer durante 1 hora máis. Reducir a temperatura do forno a 140 °C/275 °F/marca de gas 1 e cocer durante unha terceira hora. Reducir a temperatura do forno de novo a 120 °C/250 °F/marca de gas ½ e cocer durante unha última hora, cubrindo a parte superior do bolo con papel encerado (encerado) se comeza a dourarse demasiado. Cando estea cocido, un pincho introducido no centro sairá limpo e a torta comezará a encollerse dos lados do molde. Espolvoreo co xerez ou augardente e déixase arrefriar na lata durante 15 minutos, despois pásase nunha reixa para rematar de arrefriar.

Bolo pesado de Cornualles

Fai un bolo de 900 g/2 lb

350 g/12 oz/3 cuncas de fariña simple (para todo uso).

2,5 ml/½ cucharadita de sal

175 g/6 oz/¾ cunca de porco de porco (curto)

75 g/3 oz/1/3 cunca de azucre moído (superfino).

175 g/6 oz/1 cunca de groselha

Un pouco de casca mesturada (confitada) picada (opcional)

Uns 150 ml/¼ pt/2/3 cunca de leite e auga mesturados

1 ovo, batido

Poñer a fariña e o sal nunha cunca, despois fregar a porco de porco ata que a mestura semella pan relado. Mestura os ingredientes secos restantes. Engade pouco a pouco leite e auga suficiente para facer unha masa dura. Non vai levar moito. Estirar nunha bandexa de forno (galletas) untada a uns 1 cm/½ de espesor. Glasear con ovo batido. Debuxa un patrón cruzado na parte superior coa punta dun coitelo. Ás nun forno precalentado a 160 °C/325 °F/gas marca 3 durante uns 20 minutos ata que estean dourados. Deixar arrefriar e despois cortar en cadrados.

Bolo de groselha

Fai unha torta de 23 cm

225 g/8 oz/1 cunca de manteiga ou margarina

300 g/11 oz/1½ cuncas de azucre moído (superfino).

Un chisco de sal

100 ml/3½ fl oz/6½ culleres de sopa de auga fervendo

3 ovos

400 g/14 oz/3½ cuncas de fariña simple (para todo uso).

175 g/6 oz/1 cunca de groselha

50 g/2 oz/½ cunca de casca mesturada (confitada) picada

100 ml de auga fría

15 ml/1 colher de sopa de levadura en po

Poñer nun recipiente a manteiga ou a margarina, o azucre e o sal, botar sobre a auga fervendo e deixar repousar ata que estean amolecidos. Bater rapidamente ata que estea lixeiro e cremoso. Engade os ovos aos poucos, despois mestura a fariña, a groselha e a casca mesturada alternativamente coa auga fría. Mestura o fermento en po. Colocar a masa nun molde de 23 cm/9 engraxado e cocer nun forno prequentado a 180°C/350°F durante 30 minutos. Reducir a temperatura do forno a 150 °C/300 °F/gas marca 2 e cocer durante 40 minutos máis ata que un pincho introducido no centro saia limpo. Deixar arrefriar na lata durante 10 minutos antes de desfacerse para rematar de arrefriar nunha reixa.

Bolo de froitas escuras

Fai unha torta de 25 cm

225 g/8 oz/1 cunca de froitas glaseadas (confitadas) mixtas picadas

350 g/12 oz/2 cuncas de dátiles descarados, picados

225 g/8 oz/11/3 cuncas de pasas

225 g/8 oz/1 cunca de cereixas glacé (confitadas), picadas

100 g/4 oz/½ cunca de piña glacé (confitada), picada

100 g/4 oz/1 cunca de noces mixtas picadas

225 g/8 oz/2 cuncas de fariña simple (para todo uso).

5 ml/1 cucharadita de bicarbonato de sodio (bicarbonato de sodio)

5 ml/1 cucharadita de canela moída

2,5 ml/½ cucharadita de pementa

1,5 ml/¼ cucharadita de cravo moído

1,5 ml/¼ cucharadita de sal

225 g/8 oz/1 cunca de manteca de porco (curto)

225 g/8 oz/1 cunca de azucre moreno brando

3 ovos

175 g/6 oz/½ cunca de melaza negra (melaza)

2,5 ml/½ cucharadita de esencia de vainilla (extracto)

120 ml/4 fl oz/½ cunca de leite de leite

Mestura a froita e as noces. Mestura a fariña, o bicarbonato de sodio, as especias e o sal e mestura 50 g/2 oz/ ½ cunca na froita. Bate a porco de porco e o azucre ata que estea lixeiro e esponxoso. Engadir os ovos aos poucos, batendo ben despois de cada engadido. Mesturar a melaza e a esencia de vainilla. Mestura o leite de leite alternativamente coa mestura de fariña restante e bate ata que quede suave. Mestura a froita. Colocar nunha culler de 25 cm/10 cm nun molde para bolo e cocer nun forno prequentado a 140°C/275°F/gas marca 1 durante 2½ horas ata que un pincho introducido no centro saia limpo. Deixar arrefriar na lata durante 10 minutos e, a continuación, pór nunha reixa para rematar de arrefriar.

Bolo de corte e volta

Fai unha torta de 20 cm

275 g/10 oz/12/3 cuncas de froitas secas (mestura de bolo de froitas)

100 g/4 oz/½ cunca de manteiga ou margarina

150 ml/¼ pt/2/3 cunca de auga

1 ovo, batido

225 g/8 oz/2 cuncas de fariña simple (para todo uso).

Un chisco de sal

100 g/4 oz/½ cunca de azucre moído (superfino).

Poñer a froita, a manteiga ou a margarina e a auga nunha pota e cociñar durante 20 minutos. Deixar arrefriar. Engade o ovo, despois mestura gradualmente a fariña, o sal e o azucre. Poñer nun molde de 20 cm untado de manteiga e cocer nun forno prequentado a 160°C/325°F/gas marca 3 durante 1¼ horas ata que un pincho introducido no centro saia limpo.

Bolo Dundee

Fai unha torta de 20 cm

225 g/8 oz/1 cunca de manteiga ou margarina, amolecida

225 g/8 oz/1 cunca de azucre moído (superfino).

4 ovos grandes

225 g/8 oz/2 cuncas de fariña simple (para todo uso).

Un chisco de sal

350 g/12 oz/2 cuncas de groselha

350 g/12 oz/2 cuncas de sultanas (uvas pasas douradas)

175 g/6 oz/1 cunca de casca mesturada (confitada) picada

100 g/4 oz/1 cunca de cereixas glacé (confitadas), cortadas en cuartos

A casca ralada de medio limón

50 g/2 oz de améndoas enteiras, branqueadas

Bata a manteiga e o azucre ata que estea pálido e lixeiro. Bater os ovos un a un, batendo ben entre cada adición. Engade a fariña e o sal. Mestura a froita e a casca de limón. Picar a metade das améndoas e engadilas á mestura. Colocar nunha culler de 20 cm/8 cm de manteiga nun molde para bolo e amarrar unha banda de papel marrón pola parte exterior do molde para que sexa uns 5 cm máis alto que o molde. Partir as améndoas reservadas e dispoñelas en círculos concéntricos na parte superior do bolo. Ás nun forno precalentado a 150 °C/300 °F/gas marca 2 durante 3½ horas ata que un pincho introducido no centro saia limpo. Comprobe despois de 2 horas e media e se o bolo comeza a dourarse demasiado na parte superior, cubra con papel húmido (encerado) e reduza a temperatura do forno a 140 °C/275 °F/gas marca 1 durante a última hora de cocción.

Bolo de froitas durante a noite sen ovos

Fai unha torta de 20 cm

50 g/2 oz/¼ cunca de manteiga ou margarina

225 g/8 oz/2 cuncas de fariña autolevantada

5 ml/1 cucharadita de bicarbonato de sodio (bicarbonato de sodio)

5 ml/1 cda de noz moscada ralada

5 ml/1 cucharadita de especias mesturadas (pastel de mazá).

Un chisco de sal

225 g/8 oz/11/3 cuncas de froitas secas (mestura de bolo de froitas)

100 g/4 oz/½ cunca de azucre moreno brando

250 ml/8 fl oz/1 cunca de leite

Frota a manteiga ou a margarina na fariña, o bicarbonato de sodio, as especias e o sal ata que a mestura semella pan relado. Mestura a froita e o azucre, despois mestura o leite ata que todos os ingredientes estean ben mesturados. Cubra e deixe durante a noite.

Verter a mestura nun molde de 20 cm engraxado e forrado de 20 cm e cocer no forno prequente a 180 °C durante 1¾ horas ata que un pincho introducido no centro saia limpo.

Bolo de froitas infalible

Fai unha torta de 23 cm

225 g/8 oz/1 cunca de manteiga ou margarina

200 g/7 oz/escaso 1 cunca de azucre moído (superfino).

175 g/6 oz/1 cunca de groselha

175 g/6 oz/1 cunca de sultanas (uvas pasas douradas)

50 g/2 oz/½ cunca de casca mesturada (confitada) picada

75 g/3 oz/½ cunca de dátiles sen hueso, picados

5 ml/1 cucharadita de bicarbonato de sodio (bicarbonato de sodio)

200 ml/7 fl oz/escasa 1 cunca de auga

75 g/2 oz/¼ cunca de cereixas glacé (confitadas), picadas

100 g/4 oz/1 cunca de noces mixtas picadas

60 ml/4 culleres de sopa de augardente ou xerez

300 g/11 oz/2¾ cuncas de fariña simple (para todo uso).

5 ml/1 cda de levadura en po

Un chisco de sal

2 ovos, lixeiramente batidos

Derrita a manteiga ou a margarina, despois mestura o azucre, groselhas, sultanas, casca mesturada e dátiles. Mestura o bicarbonato de sodio cun pouco de auga e mestura a mestura de froitas coa auga restante. Poña a ebulición, despois cociña a lume lento durante 20 minutos, mexendo de cando en vez. Cubra e deixe repousar durante a noite.

Engraxe e forra un molde para bolo de 23 cm/9 e ata unha dobre capa de papel antigraxado (encerado) ou marrón para que se poña por riba da parte superior do molde. Incorpórase á mestura as cereixas glacé, as noces e o augardente ou o xerez, despois mestura a fariña, o fermento en po e o sal. Mesturar os ovos. Colócase no molde preparado e coce nun forno prequentado a 160 °C/325 °F/gas marca 3 durante 1 hora. Reducir a temperatura do forno a 140 °C/275 °F/marca de gas 1 e cocer durante 1 hora máis. Reduce a temperatura do forno de novo a 120 °C/250 °F/marca de gas ½ e coce durante 1 hora máis ata que un pincho introducido no centro saia limpo. Cubrir a parte superior da torta cun círculo de papel graxa ou marrón cara ao final do tempo de cocción se está demasiado dorada. Deixar arrefriar na lata durante 30 minutos e, a continuación, pór nunha reixa para rematar de arrefriar.

Bolo de froitas de xenxibre

Fai unha torta de 18 cm

100 g/4 oz/½ cunca de manteiga ou margarina, amolecida

100 g/4 oz/½ cunca de azucre moído (superfino).

2 ovos, lixeiramente batidos

30 ml/2 culleres de sopa de leite

225 g/8 oz/2 cuncas de fariña autolevantada

5 ml/1 cda de levadura en po

10 ml/2 cucharaditas de especias mesturadas (pastel de mazá).

5 ml/1 cucharadita de xenxibre moído

100 g/4 oz/2/3 cunca de pasas

100 g/4 oz/2/3 cunca de sultanas (uvas pasas douradas)

Bate a manteiga ou a margarina e o azucre ata que estea lixeiro e esponxoso. Mestura gradualmente os ovos e o leite, despois incorpora a fariña, o po de cocción e as especias, despois a froita. Colocar a mestura nun molde de 18 cm engraxado e forrado de 18 cm/7 e cocer nun forno prequente a 160°C/325°F/gas marca 3 durante 1¼ horas ata que estea ben dourado.

Bolo de froitas de mel de granxa

Fai unha torta de 20 cm

175 g/6 oz/2/3 cunca de manteiga ou margarina, amolecida

175 g/6 oz/½ cunca de mel transparente

A casca ralada de 1 limón

3 ovos, lixeiramente batidos

225 g/8 oz/2 cuncas de fariña integral (integral).

10 ml/2 culleres de sopa de fermento en po

5 ml/1 cucharadita de especias mesturadas (pastel de mazá).

100 g/4 oz/2/3 cunca de pasas

100 g/4 oz/2/3 cunca de sultanas (uvas pasas douradas)

100 g/4 oz/2/3 cunca de groselha

50 g/2 oz/1/3 cunca de albaricoques secos listos para comer, picados

50 g/2 oz/1/3 cunca de casca mesturada (confitada) picada

25 g/1 oz/¼ cunca de améndoas moídas

25 g/1 oz/¼ cunca de améndoas

Bate a manteiga ou a margarina, o mel e a casca de limón ata que estean lixeiros e esponxosos. Engade os ovos aos poucos, despois incorpora a fariña, o po de cocción e as especias mesturadas. Mestura a froita e as améndoas moídas. Colocar nun molde de 20 cm/8 engraxado e forrado e facer un lixeiro oco no centro. Dispoña as améndoas ao redor do bordo superior do bolo. Ás nun forno precalentado a 160 °C/325 °F/marca de gas 3 durante 2-2½ horas ata que un pincho introducido no centro saia limpo. Cubra a parte superior do bolo con papel encerado (encerado) cara ao final do tempo de cocción se está demasiado dourado. Deixar arrefriar na lata durante 10 minutos antes de pór nunha reixa para rematar de arrefriar.

Bolo de Génova

Fai unha torta de 23 cm

225 g/8 oz/1 cunca de manteiga ou margarina, amolecida

100 g/4 oz/½ cunca de azucre moído (superfino).

4 ovos, separados

5 ml/1 cda de esencia de améndoa (extracto)

5 ml/1 cda de casca de laranxa ralada

225 g/8 oz/11/3 cuncas de pasas, picadas

100 g/4 oz/2/3 cunca de groselhas, picadas

100 g/4 oz/2/3 cunca de sultanas (uvas pasas douradas), picadas

50 g/2 oz/¼ cunca de cereixas glacé (confitadas), picadas

50 g/2 oz/1/3 cunca de casca mesturada (confitada) picada

100 g/4 oz/1 cunca de améndoas moídas

25 g/1 oz/¼ cunca de améndoas

350 g/12 oz/3 cuncas de fariña simple (para todo uso).

10 ml/2 culleres de sopa de fermento en po

5 ml/1 cucharadita de canela moída

Bata a manteiga ou a margarina e o azucre, despois bata as xemas de ovo, a esencia de améndoa e a casca de laranxa. Mestura a froita e as noces cun pouco de fariña ata que estea cuberta, despois mestura as culleradas de fariña, o fermento en po e a canela alternativamente con culleradas da mestura de froitas ata que estea todo ben mesturado. Bater as claras ata que estean ríxidas e, a continuación, dobralas na mestura. Colocar nun molde de 23 cm engraxado e forrado e cocer nun forno prequente a 190°C/375°F/gas marca 5 durante 30 minutos, despois reducir a temperatura do forno a 160°C/325°. F/gas marca 3 durante 1 hora e media máis ata que estea elástico ao tacto e un pincho inserido no centro saia limpo. Deixar arrefriar na lata.

Bolo de froitas Glacé

Fai unha torta de 23 cm

225 g/8 oz/1 cunca de manteiga ou margarina, amolecida

225 g/8 oz/1 cunca de azucre moído (superfino).

4 ovos, lixeiramente batidos

45 ml/3 culleres de sopa de augardente

250 g/9 oz/1¼ cuncas de fariña simple (para todo uso).

2,5 ml/½ cucharadita de levadura en po

Un chisco de sal

225 g/8 oz/1 cunca de froitas glaseadas (confitadas) como cereixas, ananás, laranxas, figos, en rodajas

100 g/4 oz/2/3 cunca de pasas

100 g/4 oz/2/3 cunca de sultanas (uvas pasas douradas)

75 g/3 oz/½ cunca de groselha

50 g/2 oz/½ cunca de noces mixtas picadas

A casca ralada de 1 limón

Bate a manteiga ou a margarina e o azucre ata que estea lixeiro e esponxoso. Mestura aos poucos os ovos e o brandy. Nunha tigela separada, mestura os ingredientes restantes ata que a froita estea ben cuberta de fariña. Mesturar á mestura e mesturar ben. Poñer nun molde de 23 cm untado de manteiga e cocer nun forno prequentado a 180°C/350°F/gas marca 4 durante 30 minutos. Reducir a temperatura do forno a 150 °C/300 °F/marca de gas 3 e cocer durante 50 minutos máis ata que un pincho introducido no centro saia limpo.

Bolo de froitas Guinness

Fai unha torta de 23 cm

225 g/8 oz/1 cunca de manteiga ou margarina

225 g/8 oz/1 cunca de azucre moreno brando

300 ml/½ pt/1¼ cuncas de Guinness ou stout

225 g/8 oz/11/3 cuncas de pasas

225 g/8 oz/11/3 cuncas de sultanas (uvas pasas douradas)

225 g/8 oz/11/3 cuncas de groselha

100 g/4 oz/2/3 cunca de casca mesturada (confitada) picada

550 g/1¼ lb/5 cuncas de fariña simple (para todo uso).

2,5 ml/½ cucharadita de bicarbonato de sodio (bicarbonato de sodio)

5 ml/1 cucharadita de especias mesturadas (pastel de mazá).

2,5 ml/½ cucharadita de noz moscada relada

3 ovos, lixeiramente batidos

Poña a ferver a manteiga ou a margarina, o azucre e a Guinness nunha tixola pequena a lume lento, mexendo ata que estea ben mesturado. Mestura a froita e a casca mesturada, deixe ferver e cociña durante 5 minutos. Retirar do lume e deixar arrefriar.

Mesturar a fariña, o bicarbonato de sodio e as especias e facer un pozo no centro. Engade a mestura de froitas frías e os ovos e mestura ata que estea ben mesturado. Colocar nun molde de 23 cm engraxado e forrado de 23 cm e cocer nun forno prequentado a 160°C/325°F/gas marca 3 durante 2 horas ata que un pincho introducido no centro saia limpo. Deixar arrefriar na lata durante 20 minutos e, a continuación, pór nunha reixa para rematar de arrefriar.

Bolo de carne picada

Fai unha torta de 20 cm

225 g/8 oz/2 cuncas de fariña autolevantada

350 g/12 oz/2 cuncas de carne picada

75 g/3 oz/½ cunca de froitas secas (mestura de bolo de froitas)

3 ovos

150 g/5 oz/2/3 cunca de margarina branda

150 g/5 oz/2/3 cunca de azucre moreno brando

Mestura todos os ingredientes ata que estean ben mesturados. Déixase nun molde engraxado e forrado de 20 cm/8 e coce no forno prequente a 160°C/325°F/gas marca 3 durante 1¾ horas ata que estea ben levado e firme ao tacto.

Bolo de froitas de avea e albaricoque

Fai unha torta de 20 cm

175 g/6 oz/¾ cunca de manteiga ou margarina, amolecida

50 g/2 oz/¼ cunca de azucre moreno brando

30 ml/2 culleres de sopa de mel transparente

3 ovos, batidos

175 g/6 oz/¼ cuncas de fariña integral (integral).

50 g/2 oz/½ cunca de fariña de avea

10 ml/2 culleres de sopa de fermento en po

250 g/9 oz/1½ cuncas de froitas secas (mestura de bolo de froitas)

50 g/2 oz/1/3 cunca de albaricoques secos listos para comer, picados

A casca ralada e o zume de 1 limón

Bate a manteiga ou a margarina e o azucre co mel ata que estean lixeiros e esponxosos. Incorpóranse os ovos aos poucos alternando coa fariña e o fermento en po. Mestura a froita seca e o zume de limón e a casca. Colocar nunha culler de 20 cm/8 nun molde para bolo e cocer nun forno prequentado a 180°C/350°F durante 1 hora. Reducir a temperatura do forno a 160 °C/325 °F/marca de gas 3 e cocer durante 30 minutos máis ata que un pincho introducido no centro saia limpo. Cubra a parte superior con pergamiño se o bolo comeza a dourarse demasiado rápido.

Bolo de froitas durante a noite

Fai unha torta de 20 cm

450 g/1 lb/4 cuncas de fariña simple (para todo uso).

225 g/8 oz/11/3 cuncas de groselha

225 g/8 oz/11/3 cuncas de sultanas (uvas pasas douradas)

225 g/8 oz/1 cunca de azucre moreno brando

50 g/2 oz/1/3 cunca de casca mesturada (confitada) picada

175 g/6 oz/¾ cunca de porco de porco (curto)

15 ml/1 colher de sopa de xarope dourado (millo claro).

10 ml/2 cucharaditas de bicarbonato de sodio (bicarbonato de sodio)

15 ml/1 colher de sopa de leite

300 ml/½ pt/1¼ cuncas de auga

Mestura a fariña, as froitas, o azucre e a casca. Derreter a porco de porco e o xarope e mesturar á mestura. Disolver o bicarbonato de sodio no leite e mesturar a mestura de bolo coa auga. Colocar nunha culler de 20 cm/8 nun molde para bolo, tapar e deixar repousar durante a noite.

Ás o bolo nun forno prequentado a 160 °C/375 °F/gas marca 3 durante 1¾ horas ata que un pincho introducido no centro saia limpo.

Bolo de pasas e especias

Fai un pan de 900 g/2 lb

225 g/8 oz/1 cunca de azucre moreno brando

300 ml/½ pt/1¼ cuncas de auga

100 g/4 oz/½ cunca de manteiga ou margarina

15 ml/1 colher de sopa de melaza negra (melaza)

175 g/6 oz/1 cunca de pasas

5 ml/1 cucharadita de canela moída

2. 5 ml/½ cucharadita de noz moscada relada

2,5 ml/½ cucharadita de pementa

225 g/8 oz/2 cuncas de fariña simple (para todo uso).

5 ml/1 cda de levadura en po

5 ml/1 cucharadita de bicarbonato de sodio (bicarbonato de sodio)

Derrete o azucre, a auga, a manteiga ou a margarina, a melaza, as pasas e as especias nunha tixola pequena a lume medio, mexendo continuamente. Poñer a ferver e cociñar durante 5 minutos. Retirar do lume e bater os ingredientes restantes. Coloca a mestura nunha tixola de 900 g engrasada e forrada e coce nun forno prequentado a 180 °C durante 50 minutos ata que un pincho introducido no centro saia limpo.

Bolo de Richmond

Fai unha torta de 15 cm

225 g/8 oz/2 cuncas de fariña simple (para todo uso).

Un chisco de sal

75 g/3 oz/1/3 cunca de manteiga ou margarina

100 g/4 oz/½ cunca de azucre moído (superfino).

2,5 ml/½ cucharadita de levadura en po

100 g/4 oz/2/3 cunca de groselha

2 ovos, batidos

Un pouco de leite

Poñer a fariña e o sal nun bol e fregar a manteiga ou a margarina ata que a mestura semella pan relado. Mestura o azucre, o fermento en po e as groselhas. Engade os ovos e o leite suficiente para mesturar nunha masa dura. Déixase nun molde engraxado e forrado de 15 cm/6. Ás nun forno precalentado a 190 °C/375 °F/gas marca 5 durante uns 45 minutos ata que un pincho introducido no centro saia limpo. Deixar arrefriar nunha reixa.

Bolo de froitas con azafrán

Fai dous bolos de 450 g/1 lb

2,5 ml/½ cucharadita de fíos de azafrán

Auga morna

15 g/½ oz de levadura fresca ou 20 ml/4 culleres de sopa de levadura seca

900 g/2 lb/8 cuncas de fariña simple (para todo uso).

225 g/8 oz/1 cunca de azucre moído (superfino).

2,5 ml/½ cucharadita de especias mesturadas (torta de mazá).

Un chisco de sal

100 g/4 oz/½ cunca de porco de porco (curto)

100 g/4 oz/½ cunca de manteiga ou margarina

300 ml/½ pt/1¼ cuncas de leite morno

350 g/12 oz/2 cuncas de froitas secas (mestura de bolo de froitas)

50 g / 2 oz / 1/3 cunca de casca mesturada (confitada) picada

> Picar os fíos de azafrán e mergullo en 45 ml/3 culleres de sopa de auga morna durante a noite.

Mestura a levadura con 30 ml/2 culleres de sopa de fariña, 5 ml/1 cullerada de azucre e 75 ml/5 culleradas de auga morna e déixase nun lugar cálido durante 20 minutos ata que estea espumosa.

Mestura a fariña e o azucre restantes coas especias e o sal. Frota a porco de porco e a manteiga ou a margarina ata que a mestura semella pan relado, despois fai un pozo no centro. Engade a mestura de lévedo, o azafrán e o líquido de azafrán, o leite morno, a froita e a casca mesturada e mestura ata conseguir unha masa suave. Coloque nun recipiente untado con aceite, cubra con papel film (envoltura de plástico) e deixe nun lugar cálido durante 3 horas.

Formar dous pans, colocar en dous moldes de 450 g/1 lb engrasados e cocer nun forno precalentado a 220°C/450°F/gas marca 7 durante 40 minutos ata que estean ben dourados.

Bolo de froitas de soda

Fai un bolo de 450 g/1 lb

225 g/8 oz/2 cuncas de fariña simple (para todo uso).

1,5 ml/¼ cucharadita de sal

Unha pitada de bicarbonato de sodio (bicarbonato de sodio)

50 g/2 oz/¼ cunca de manteiga ou margarina

50 g/2 oz/¼ cunca de azucre moído (superfino).

100 g/4 oz/2/3 cunca de froitas secas (mestura de bolo de froitas)

150 ml/¼ pt/2/3 cunca de leite azedo ou leite con 5 ml/1 cucharadita de zume de limón

5 ml/1 cucharadita de melaza negra (melaza)

Mesturar a fariña, o sal e o bicarbonato de sodio nun bol. Esfregue a manteiga ou a margarina ata que a mestura semella pan relado. Mestura o azucre e a froita e mestura ben. Quenta o leite e a melaza ata que a melaza se derrita, despois engádese aos ingredientes secos e mestura ata conseguir unha masa dura. Colocar nunha tixola untada de 450 g/1 lb e cocer nun forno prequentado a 190°C/375°F/gas marca 5 durante uns 45 minutos ata que estean dourados.

Bolo rápido de froitas

Fai unha torta de 20 cm

450 g/1 lb/22/3 cuncas de froitas secas mesturadas (mestura de bolo de froitas)

225 g/8 oz/1 cunca de azucre moreno brando

100 g/4 oz/½ cunca de manteiga ou margarina

150 ml/¼ pt/2/3 cunca de auga

2 ovos, batidos

225 g/8 oz/2 cuncas de fariña autolevantada

Poña a ebulición a froita, o azucre, a manteiga ou a margarina e a auga, despois cubra e deixe ferver a lume lento durante 15 minutos. Deixar arrefriar. Bata os ovos e a fariña, despois coloque a mestura nun molde engraxado e forrado de 20 cm/8 e coce no forno prequentado a 150 °C/300 °F/marca de gas 3 durante 1 hora e media ata que estea dourada e encolle. lonxe dos lados da lata.

Bolo de froitas con té quente

Fai un bolo de 900 g/2 lb

450 g/1 lb/2½ cuncas de froitas secas (mestura de bolos de froitas)

300 ml/½ pt/1¼ cuncas de té negro quente

350 g/10 oz/1¼ cuncas de azucre moreno brando

350 g/10 oz/2½ cuncas de fariña autolevantada

1 ovo, batido

Coloque a froita no té quente e deixe a remollo durante a noite. Incorpórase o azucre, a fariña e o ovo e transfórmase nun molde de 900 g/2 lb untado e forrado. Ás nun forno precalentado a 160 °C/325 °F/gas marca 3 durante 2 horas ata que estea ben levado e dourado.

Bolo de froitas de té frío

Fai unha torta de 15 cm

100 g/4 oz/½ cunca de manteiga ou margarina

225 g/8 oz/11/3 cuncas de froitas secas (mestura de bolo de froitas)

250 ml/8 fl oz/1 cunca de té negro frío

225 g/8 oz/2 cuncas de fariña autolevantada

100 g/4 oz/½ cunca de azucre moído (superfino).

5 ml/1 cucharadita de bicarbonato de sodio (bicarbonato de sodio)

1 ovo grande

Derreter a manteiga ou a margarina nunha pota, engadir a froita e o té e deixar ferver. Ferva durante 2 minutos, despois deixe arrefriar. Mestura os ingredientes restantes e mestura ben. Colocar nunha culler de 15 cm/6 nun molde de bolo untado e forrado e cocer nun forno prequentado a 160 °C/325 °F/ marca de gas 3 durante 1¼-1½ horas ata que estea firme ao tacto. Deixar arrefriar, logo servir cortado en rodajas e untar con manteiga.

Bolo de froitas sen azucre

Fai unha torta de 20 cm

4 albaricoques secos

60 ml/4 culleres de sopa de zume de laranxa

250 ml/8 fl oz/1 cunca de stout

100 g/4 oz/2/3 cunca de sultanas (uvas pasas douradas)

100 g/4 oz/2/3 cunca de pasas

50 g/2 oz/¼ cunca de groselha

50 g/2 oz/¼ cunca de manteiga ou margarina

225 g/8 oz/2 cuncas de fariña autolevantada

75 g/3 oz/¾ cunca de noces mixtas picadas

10 ml/2 cucharaditas de especias mesturadas (pastel de mazá).

5 ml/1 cda de café instantáneo en po

3 ovos, lixeiramente batidos

15 ml/1 cucharada de brandy ou whisky

Mollar os albaricoques no zume de laranxa ata que estean suaves e, a continuación, picar. Poñer nunha tixola coa froita seca, a manteiga ou a margarina, deixar ferver e deixar ferver durante 20 minutos. Deixar arrefriar.

Mestura a fariña, as noces, as especias e o café. Mestura a mestura forte, ovos e augardente ou whisky. Verter a mestura nun molde de 20 cm engraxado e forrado de 20 cm e cocer nun forno prequentado a 180 °C/350 °F/gas 4 durante 20 minutos. Reducir a temperatura do forno a 150 °C/300 °F/marca de gas 2 e cocer durante 1 hora e media máis ata que un pincho introducido no centro saia limpo. Cubra a parte superior con papel encerado (encerado) cara ao final do tempo de cocción se está demasiado dourada. Deixar arrefriar na lata durante 10 minutos antes de pór nunha reixa para rematar de arrefriar.

Bolos de froitas pequenas

Fai 48

100 g/4 oz/½ cunca de manteiga ou margarina, amolecida

225 g/8 oz/1 cunca de azucre moreno brando

2 ovos, lixeiramente batidos

175 g/6 oz/1 cunca de dátiles sen hueso, picados

50 g/2 oz/½ cunca de noces mixtas picadas

15 ml/1 colher de sopa de casca de laranxa ralada

225 g/8 oz/2 cuncas de fariña simple (para todo uso).

5 ml/1 cucharadita de bicarbonato de sodio (bicarbonato de sodio)

2,5 ml/½ cucharadita de sal

150 ml/¼ pt/2/3 cunca de manteiga

6 cereixas glacé (confitadas), cortadas en rodajas

Glaseado de froitas de laranxa

Bate a manteiga ou a margarina e o azucre ata que estean lixeiros e esponxosos. Bater os ovos pouco a pouco. Mesturar os dátiles, as noces e a casca de laranxa. Mesturar a fariña, o bicarbonato de sodio e o sal. Engadir á mestura alternativamente co leite de leite e bater ata que estea ben combinado. Verter en moldes para muffins de 5 cm/2 untados e decorar coas cereixas. Ás nun forno precalentado a 190 °C/375 °F/gas marca 5 durante 20 minutos ata que un pincho introducido no centro saia limpo. Transfire a unha reixa de arrefriamento e deixe ata que estea quente, despois pincela co esmalte de laranxa.

Bolo de froitas con vinagre

Fai unha torta de 23 cm

225 g/8 oz/1 cunca de manteiga ou margarina

450 g/1 lb/4 cuncas de fariña simple (para todo uso).

225 g/8 oz/11/3 cuncas de sultanas (uvas pasas douradas)

100 g/4 oz/2/3 cunca de pasas

100 g/4 oz/2/3 cunca de groselha

225 g/8 oz/1 cunca de azucre moreno brando

5 ml/1 cucharadita de bicarbonato de sodio (bicarbonato de sodio)

300 ml/½ pt/1¼ cuncas de leite

45 ml/3 culleres de sopa de vinagre de malta

Fregue a manteiga ou a margarina na fariña ata que a mestura semella pan relado. Mesturar a froita e o azucre e facer un pozo no centro. Mestura o bicarbonato de sodio, o leite e o vinagre: a mestura formará escuma. Mestura os ingredientes secos ata que estean ben mesturados. Verter a mestura nun molde de 23 cm/9 engraxado e forrado e cocer nun forno prequentado a 200°C/400°F/gas marca 6 durante 25 minutos. Reduce a temperatura do forno a 160 °C/325 °F/marca de gas 3 e coce durante 1½ horas máis ata que estea dourada e firme ao tacto. Deixar arrefriar na lata durante 5 minutos e, a continuación, pór nunha reixa para rematar de arrefriar.

Bolo de whisky Virginia

Fai un bolo de 450 g/1 lb

100 g/4 oz/½ cunca de manteiga ou margarina, amolecida

50 g/2 oz/¼ cunca de azucre moído (superfino).

3 ovos, separados

175 g/6 oz/1½ cuncas de fariña simple (para todo uso).

5 ml/1 cda de levadura en po

Un chisco de noz moscada relada

Un chisco de maza moída

Porto de 120 ml/4 fl oz/½ cunca

30 ml/2 culleres de sopa de augardente

100 g/4 oz/2/3 cunca de froitas secas (mestura de bolo de froitas)

120 ml/4 fl oz/½ cunca de whisky

Bata a manteiga e o azucre ata que quede suave. Mesturar as xemas de ovo. Mestura a fariña, o po de cocción e as especias e mestura a mestura. Mesturar o porto, a augardente e os froitos secos. Bater as claras ata que formen picos suaves e, a continuación, incorporalas á mestura. Colocar nunha tixola untada de 450 g/1 lb e cocer nun forno prequentado a 160°C/325°F/gas marca 3 durante 1 hora ata que un pincho introducido no centro saia limpo. Deixar arrefriar no molde, botar despois o whisky sobre a torta e deixar no molde 24 horas antes de cortar.

Bolo de froitas galesas

Fai unha torta de 23 cm

50 g/2 oz/¼ cunca de manteiga ou margarina

50 g/2 oz/¼ cunca de porco de porco (curto)

225 g/8 oz/2 cuncas de fariña simple (para todo uso).

Un chisco de sal

10 ml/2 culleres de sopa de fermento en po

100 g/4 oz/½ cunca de azucre demerara

175 g/6 oz/1 cunca de froitas secas (mestura de bolo de froitas)

A casca ralada e o zume de medio limón

1 ovo, lixeiramente batido

30 ml/2 culleres de sopa de leite

Fregue a manteiga ou a margarina e a porco de porco na fariña, o sal e o fermento en po ata que a mestura semella pan relado. Mestura o azucre, a froita e a casca de limón e o zume, despois mestura o ovo e o leite e amasa ata conseguir unha masa suave. Forme un molde cadrado de 23 cm/9 de espesor de manteiga e cócese nun forno prequentado a 200°C/400°F/gas marca 6 durante 20 minutos ata que estea ben dourado.

Bolo de froitas brancas

Fai unha torta de 23 cm

100 g/4 oz/½ cunca de manteiga ou margarina, amolecida

225 g/8 oz/1 cunca de azucre moído (superfino).

5 ovos, lixeiramente batidos

350 g/12 oz/2 cuncas de froita seca mesturada

350 g/12 oz/2 cuncas de sultanas (uvas pasas douradas)

100 g/4 oz/2/3 cunca de dátiles sen hueso, picados

100 g/4 oz/½ cunca de cereixas glacé (confitadas), picadas

100 g/4 oz/½ cunca de piña glacé (confitada), picada

100 g/4 oz/1 cunca de noces mixtas picadas

225 g/8 oz/2 cuncas de fariña simple (para todo uso).

10 ml/2 culleres de sopa de fermento en po

2,5 ml/½ cucharadita de sal

60 ml/4 culleres de sopa de zume de ananás

Bate a manteiga ou a margarina e o azucre ata que estea lixeiro e esponxoso. Engadir os ovos aos poucos, batendo ben despois de cada engadido. Mesturar toda a froita, as noces e un pouco da fariña ata que os ingredientes estean ben cubertos de fariña. Mestura o po de cocción e o sal coa fariña restante, despois métese na mestura de ovos alternativamente co zume de ananás ata que estea uniformemente mesturado. Mestura a froita e mestura ben. Colocar nunha culler de 23 cm/9 nun molde para bolo (forma) e cocer nun forno prequentado a 140°C/275°F/marca de gas 1 durante aproximadamente 2 horas e media ata que un pincho introducido no centro saia limpo. Deixar arrefriar na lata durante 10 minutos antes de pór nunha reixa para rematar de arrefriar.

Bolo de mazá

Fai unha torta de 20 cm

175 g/6 oz/1½ cuncas de fariña autolevantada

5 ml/1 cda de levadura en po

Un chisco de sal

150 g/5 oz/2/3 cunca de manteiga ou margarina

150 g/5 oz/2/3 cunca de azucre moído (superfino).

1 ovo, batido

175 ml/6 fl oz/¾ cunca de leite

3 mazás para comer (de sobremesa), peladas, descoradas e cortadas en rodajas

2,5 ml/½ cucharadita de canela moída

15 ml/1 colher de sopa de mel transparente

Mesturar a fariña, o poder de cocción e o sal. Esfregue a manteiga ou a margarina ata que a mestura semella pan relado, despois mestura o azucre. Mestura o ovo e o leite. Verter a mestura nun molde de 20 cm engraxado e forrado de 20 cm e preme suavemente as rodas de mazá por riba. Espolvoreo coa canela e regar co mel. Ás nun forno precalentado a 200 °C/400 °F/gas marca 6 durante 45 minutos ata que estean dourados e firmes ao tacto.

Bolo de mazá especiado con crocante

Fai unha torta de 20 cm

75 g/3 oz/1/3 cunca de manteiga ou margarina

175 g/6 oz/1½ cuncas de fariña autolevantada

50 g/2 oz/¼ cunca de azucre moído (superfino).

1 ovo

75 ml/5 culleres de sopa de auga

3 mazás para comer (de sobremesa), peladas, descorazonadas e cortadas en anacos

Para a cobertura:
75 g/3 oz/1/3 cunca de azucre demerara

10 ml/2 cucharaditas de canela moída

25 g/1 oz/2 culleres de sopa de manteiga ou margarina

Fregue a manteiga ou a margarina na fariña ata que a mestura semella pan relado. Mestura o azucre, despois mestura o ovo e a auga para facer unha masa suave. Engade un pouco máis de auga se a mestura está demasiado seca. Estender a masa nun molde de 20 cm/8 e preme as mazás na masa. Espolvoreo co azucre demerara e a canela e salpicar coa manteiga ou a margarina. Ás nun forno precalentado a 180 °C/350 °F/gas marca 4 durante 30 minutos ata que estean dourados e firmes ao tacto.

Bolo de mazá americano

Fai unha torta de 20 cm

50 g/2 oz/¼ cunca de manteiga ou margarina, amolecida

225 g/8 oz/1 cunca de azucre moreno brando

1 ovo, lixeiramente batido

5 ml/1 cucharadita de esencia de vainilla (extracto)

100 g/4 oz/1 cunca de fariña simple (para todo uso).

2,5 ml/½ cucharadita de levadura en po

2,5 ml/½ cucharadita de bicarbonato de sodio (bicarbonato de sodio)

2,5 ml/½ cucharadita de sal

2,5 ml/½ cucharadita de canela moída

2,5 ml/½ cucharadita de noz moscada relada

450 g/1 lb de mazás para comer (de sobremesa), peladas, descascaradas e cortadas en dados

25 g/1 oz/¼ cunca de améndoas, picadas

Bate a manteiga ou a margarina e o azucre ata que estean lixeiros e esponxosos. Bater aos poucos o ovo e a esencia de vainilla. Mesturar a fariña, o fermento en po, o bicarbonato de sodio, o sal e as especias e bater na mestura ata que estea mesturado. Mesturar as mazás e as noces. Poñer nun molde cadrado de forno de 20 cm e forrado de 20 cm e cocer nun forno prequentado a 180°C/350°F/gas marca 4 durante 45 minutos ata que un pincho introducido no centro saia limpo.

Bolo de puré de mazá

Fai un bolo de 900 g/2 lb

100 g/4 oz/½ cunca de manteiga ou margarina, amolecida

225 g/8 oz/1 cunca de azucre moreno brando

2 ovos, lixeiramente batidos

225 g/8 oz/2 cuncas de fariña simple (para todo uso).

5 ml/1 cucharadita de canela moída

2,5 ml/½ cucharadita de noz moscada relada

100 g/4 oz/1 cunca de puré de mazá (salsa)

5 ml/1 cucharadita de bicarbonato de sodio (bicarbonato de sodio)

30 ml/2 culleres de sopa de auga quente

Bate a manteiga ou a margarina e o azucre ata que estea lixeiro e esponxoso. Mesturar gradualmente os ovos. Mesturar a fariña, a canela, a noz moscada e o puré de mazá. Mestura o bicarbonato de sodio coa auga quente e métese á mestura. Colocar nunha tixola untada de 900 g/2 lb e cocer nun forno prequentado a 180°C/350°F/gas marca 4 durante 1¼ horas ata que un pincho introducido no centro saia limpo.

Tarta de mazá de sidra

Fai unha torta de 20 cm

100 g/4 oz/½ cunca de manteiga ou margarina, amolecida

150 g/5 oz/2/3 cunca de azucre moído (superfino).

3 ovos

225 g/8 oz/2 cuncas de fariña autolevantada

5 ml/1 cucharadita de especias mesturadas (pastel de mazá).

5 ml/1 cucharadita de bicarbonato de sodio (bicarbonato de sodio)

5 ml/1 cda de levadura en po

150 ml/¼ pt/2/3 cunca de sidra seca

2 mazás de cocción (tarta), peladas, desfasadas e cortadas en rodajas

75 g/3 oz/1/3 cunca de azucre demerara

100 g/4 oz/1 cunca de noces mixtas picadas

Mestura a manteiga ou a margarina, o azucre, os ovos, a fariña, as especias, o bicarbonato de sodio, o fermento en po e 120 ml/4 oz fl/ ½ cunca de sidra ata que estea ben mesturado, engadindo a sidra restante se é necesario para crear unha masa suave. Colocar a metade da mestura nun molde engraxado e forrado de 20 cm/ 8 cm e cubrir coa metade das rodajas de mazá. Mestura o azucre e as noces e unta a metade sobre as mazás. Coloca a mestura de bolo restante e remata coas mazás restantes e o resto da mestura de azucre e noces. Ás nun forno precalentado a 180 °C/350 °F/gas marca 4 durante 1 hora ata que estean dourados e firmes ao tacto.

Bolo de mazá e canela

Fai unha torta de 23 cm

100 g/4 oz/½ cunca de manteiga ou margarina

100 g/4 oz/½ cunca de azucre moído (superfino).

1 ovo, lixeiramente batido

100 g/4 oz/1 cunca de fariña simple (para todo uso).

5 ml/1 cda de levadura en po

30 ml/2 culleres de sopa de leite (opcional)

2 mazás de cocción (tarta) grandes, peladas, descascaradas e cortadas en rodajas

30 ml/2 culleres de sopa de azucre moído (superfino).

5 ml/1 cucharadita de canela moída

25 g/1 oz/¼ cunca de améndoas, picadas

30 ml/2 culleres de sopa de azucre demerara

Bate a manteiga ou a margarina e o azucre ata que estea lixeiro e esponxoso. Incorpórase o ovo aos poucos, despois incorpora a fariña e o fermento en po. A mestura debe ser bastante dura; se está moi duro, mestura un pouco de leite. Colocar a metade da mestura nun molde de 23 cm/9 untado e forrado nun molde de fondo solto. Dispoñemos as rodajas de mazá por riba. Mesturar o azucre e a canela e espolvorear as améndoas sobre as mazás. Cubrir coa mestura de bolo restante e espolvorear con azucre demerara. Ás nun forno precalentado a 180 °C/350 °F/gas marca 4 durante 30-35 minutos ata que un pincho introducido no centro saia limpo.

Torta de mazá española

Fai unha torta de 23 cm

175 g/6 oz/¾ cunca de manteiga ou margarina

6 Cox's come (de sobremesa) mazás, peladas, descorazonadas e cortadas en segmentos

30 ml/2 culleres de sopa de augardente de mazá

175 g/6 oz/¾ cunca de azucre moído (superfino).

150 g/5 oz/1¼ cuncas de fariña simple (para todo uso).

10 ml/2 culleres de sopa de fermento en po

5 ml/1 cucharadita de canela moída

3 ovos, lixeiramente batidos

45 ml/3 culleres de sopa de leite

Para o esmalte:
60 ml/4 culleres de sopa de mermelada de albaricoque (conserva), peneirada (coada)

15 ml/1 cullerada de augardente de mazá

5 ml/1 cda de fariña de millo (fécula de millo)

10 ml/2 culleres de sopa de auga

Derrete a manteiga ou a margarina nunha tixola grande (tixola) e frite os anacos de mazá a lume lento durante 10 minutos, mexendo unha vez para cubrir a manteiga. Retirar do lume. Picar un terzo das mazás e engadir a augardente de mazá, despois mesturar o azucre, a fariña, o fermento en po e a canela. Engadir os ovos e o leite e botar a mestura nun molde de fondo solto de 23 cm/9 untado e enfariñado. Dispoña as rodajas de mazá restantes encima. Ás nun forno prequentado a 180 °C/350 °F/gas marca 4 durante 45 minutos ata que estea ben levado e dourado, e comece a encollerse dos lados da lata.

Para facer o glaseado, quenta a marmelada e o brandy xuntos. Mesturar a fariña de millo coa auga e mesturar a marmelada e a augardente. Cociña uns minutos, mexendo, ata que estea claro. Pintar o bolo morno e deixar arrefriar durante 30 minutos. Retire os lados do molde para bolo, quentar o esmalte de novo e pincel por segunda vez. Deixar arrefriar.

Bolo de mazá e sultana

Fai unha torta de 20 cm

350 g/12 oz/3 cuncas de fariña autolevantada

Un chisco de sal

2,5 ml/½ cucharadita de canela moída

225 g/8 oz/1 cunca de manteiga ou margarina

175 g/6 oz/¾ cunca de azucre moído (superfino).

100 g/4 oz/2/3 cunca de sultanas (uvas pasas douradas)

450 g / 1 lb de mazás de cocción (tarta), peladas, descascaradas e picadas finamente

2 ovos

Un pouco de leite

Mestura a fariña, o sal e a canela, despois esfregue a manteiga ou a margarina ata que a mestura semella pan relado. Mestura o azucre. Facer un pozo no centro e engadir as sultanas, as mazás e os ovos e mesturar ben, engadindo un pouco de leite para que quede unha mestura firme. Colocar nunha culler de 20 cm/8 nun molde para bolo e cocer nun forno prequentado a 180°C/350°F/marca de gas 4 durante aproximadamente 1½-2 horas ata que estea firme ao tacto. Servir quente ou frío.

Bolo de mazá ao revés

Fai unha torta de 23 cm

2 mazás para comer (de sobremesa), peladas, descorazonadas e cortadas en rodajas finas

75 g/3 oz/1/3 cunca de azucre moreno brando

45 ml/3 culleres de sopa de pasas

30 ml/2 culleres de sopa de zume de limón

Para o bolo:

200 g/7 oz/1¾ cuncas de fariña simple (para todo uso).

50 g/2 oz/¼ cunca de azucre moído (superfino).

10 ml/2 culleres de sopa de fermento en po

5 ml/1 cucharadita de bicarbonato de sodio (bicarbonato de sodio)

5 ml/1 cucharadita de canela moída

Un chisco de sal

120 ml/4 fl oz/½ cunca de leite

50 g/2 oz/½ cunca de puré de mazá (salsa)

75 ml/5 culleres de sopa de aceite

1 ovo, lixeiramente batido

5 ml/1 cucharadita de esencia de vainilla (extracto)

Mesturar as mazás, o azucre, as pasas e o zume de limón e dispor na base dun molde untado de 23 cm/9 nun molde para bolo. Mestura os ingredientes secos do bolo e fai un pozo no centro. Mestura o leite, a salsa de mazá, o aceite, o ovo e a esencia de vainilla e mestura cos ingredientes secos ata que estean mesturados. Colócase no molde e coce nun forno prequentado a 180 °C/350 °F/gas marca 4 durante 40 minutos ata que o bolo estea dourado e se encolle dos lados do molde. Deixar arrefriar na lata durante 10 minutos, despois inverte con coidado nun prato. Servir quente ou frío.

Bolo de Damasco

Fai un pan de 900 g/2 lb

225 g/8 oz/1 cunca de manteiga ou margarina, amolecida

225 g/8 oz/1 cunca de azucre moído (superfino).

2 ovos, ben batidos

6 albaricoques maduros, esfolados e triturados

300 g/11 oz/2¾ cuncas de fariña simple (para todo uso).

5 ml/1 cucharadita de bicarbonato de sodio (bicarbonato de sodio)

Un chisco de sal

75 g/3 oz/¾ cunca de améndoas, picadas

Bate a manteiga ou a margarina e o azucre. Incorpórase aos ovos aos poucos e despois mestura os albaricoques. Bater a fariña, o bicarbonato de sodio e o sal. Mesturar as noces. Colocar nunha molde de 900 g engrasada e enfariñada e cocer nun forno precalentado a 180°C/350°F/gas marca 4 durante 1 hora ata que un pincho introducido no centro saia limpo. Deixar arrefriar na lata antes de desfacerse.

Bolo de albaricoque e xenxibre

Fai unha torta de 18 cm

100 g/4 oz/1 cunca de fariña autolevantada

100 g/4 oz/½ cunca de azucre moreno brando

10 ml/2 cucharaditas de xenxibre moído

100 g/4 oz/½ cunca de manteiga ou margarina, amolecida

2 ovos, lixeiramente batidos

100 g/4 oz/2/3 cunca de albaricoques secos listos para comer, picados

50 g/2 oz/1/3 cunca de pasas

Bata a fariña, o azucre, o xenxibre, a manteiga ou a margarina e os ovos ata conseguir unha mestura suave. Mestura os albaricoques e as pasas. Verter a mestura nun molde de 18 cm engraxado e forrado de 18 cm e cocer nun forno prequente a 180 °C durante 30 minutos ata que un pincho introducido no centro saia limpo.

Torta de Damasco Tipsy

Fai unha torta de 20 cm

120 ml/4 onzas líquidas/½ cunca de augardente ou ron

120 ml/4 onzas líquidas/½ cunca de zume de laranxa

225 g/8 oz/11/3 cuncas de albaricoques secos listos para comer, picados

100 g/4 oz/2/3 cunca de sultanas (uvas pasas douradas)

175 g/6 oz/¾ cunca de manteiga ou margarina, amolecida

45 ml/3 culleres de sopa de mel transparente

4 ovos, separados

175 g/6 oz/1½ cuncas de fariña autolevantada

10 ml/2 culleres de sopa de fermento en po

Poña a ferver o augardente ou o ron e o zume de laranxa cos albaricoques e as sultanas. Remexemos ben, despois retiramos do lume e deixamos repousar ata que arrefríe. Bata a manteiga ou a margarina e o mel, despois mestura gradualmente as xemas de ovo. Engade a fariña e o fermento en po. Bater as claras ata que estean ríxidas e, a continuación, dobralas suavemente na mestura. Colocar nunha culler de 20 cm/8 cm engraxada e forrada nun molde para bolo e cocer no forno prequente a 180°C/350°F/gas marca 4 durante 1 hora ata que un pincho introducido no centro saia limpo. Deixar arrefriar na lata.

Bolo de plátano

Fai un bolo de 23 x 33 cm/9 x 13 po

4 plátanos maduros, triturados

2 ovos, lixeiramente batidos

350 g/12 oz/1½ cuncas de azucre moído (superfino).

120 ml/4 fl oz/½ cunca de aceite

5 ml/1 cucharadita de esencia de vainilla (extracto)

50 g/2 oz/½ cunca de noces mixtas picadas

225 g/8 oz/2 cuncas de fariña simple (para todo uso).

10 ml/2 cucharaditas de bicarbonato de sodio (bicarbonato de sodio)

5 ml/1 cda de sal

Bate as bananas, os ovos, o azucre, o aceite e a vainilla. Engade os ingredientes restantes e mestura ata que estea mesturado. Colocar nunha culler nun molde de 23 x 33 cm/9 x 13 e cocer nun forno prequente a 180°C/350°F/gas marca 4 durante 45 minutos ata que un pincho introducido no centro saia limpo.

Bolo de plátano con remate crocante

Fai unha torta de 23 cm

100 g/4 oz/½ cunca de manteiga ou margarina, amolecida

300 g/11 oz/11/3 cuncas de azucre moído (superfino).

2 ovos, lixeiramente batidos

175 g/6 oz/1½ cuncas de fariña simple (para todo uso).

2,5 ml/½ cucharadita de sal

1,5 ml/½ cucharadita de noz moscada relada

5 ml/1 cucharadita de bicarbonato de sodio (bicarbonato de sodio)

75 ml/5 culleres de sopa de leite

Unhas gotas de esencia de vainilla (extracto)

4 plátanos, triturados

Para a cobertura:

50 g/2 oz/¼ cunca de azucre demerara

50 g/2 oz/2 cuncas de flocos de millo, triturados

2,5 ml/½ cucharadita de canela moída

25 g/1 oz/2 culleres de sopa de manteiga ou margarina

Bata a manteiga ou a margarina e o azucre ata que estean lixeiros e esponxosos. Incorpórase aos ovos aos poucos e despois incorpora a fariña, o sal e a noz moscada. Mestura o bicarbonato de sodio co leite e a esencia de vainilla e mestura coa mestura coas bananas. Colocar nunha culler nun molde cadrado de 23 cm/9 untado e forrado.

Para facer a cobertura, mestura o azucre, os flocos de millo e a canela e esfregue a manteiga ou a margarina. Espolvoreo sobre o bolo e enforna nun forno precalentado a 180 °C/350 °F/gas marca 4 durante 45 minutos ata que estea firme ao tacto.

Esponxa de plátano

Fai unha torta de 23 cm

100 g/4 oz/½ cunca de manteiga ou margarina, amolecida

100 g/4 oz/½ cunca de azucre moído (superfino).

2 ovos, batidos

2 plátanos maduros grandes, triturados

225 g/8 oz/1 cunca de fariña autolevantada

45 ml/3 culleres de sopa de leite

                    Para o recheo e o recheo:
225 g/8 oz/1 cunca de queixo crema

30 ml/2 culleres de sopa de crema azeda (leite).

100 g/4 oz de chips de plátano seco

Bate a manteiga ou a margarina e o azucre ata que estean pálidos e esponxosos. Engade aos poucos os ovos, despois mestura os plátanos e a fariña. Mestura o leite ata que a mestura teña unha consistencia de goteo. Colocar nunha culler de 23 cm/9 engraxada e forrada nun molde para bolo e cocer no forno prequente a 180°C/350°F/gas marca 4 durante uns 30 minutos ata que un pincho introducido no centro saia limpo. Poñer nunha reixa e deixar arrefriar, despois cortar pola metade horizontalmente.

Para facer a cobertura, bata o queixo crema e a crema de leite e usa a metade da mestura para emparellar as dúas metades do bolo. Estender a mestura restante por riba e decorar coas chips de plátano.

Bolo de plátano rico en fibra

Fai unha torta de 18 cm

100 g/4 oz/½ cunca de manteiga ou margarina, amolecida

50 g/2 oz/¼ cunca de azucre moreno brando

2 ovos, lixeiramente batidos

100 g/4 oz/1 cunca de fariña integral (integral).

10 ml/2 culleres de sopa de fermento en po

2 plátanos, triturados

Para o recheo:
225 g/8 oz/1 cunca de requeixo (cottage suave).

5 ml/1 cda de zume de limón

15 ml/1 colher de sopa de mel transparente

1 plátano, cortado en rodajas

Azucre glas (de repostería), peneirado, para espolvorear

Bate a manteiga ou a margarina e o azucre ata que estea lixeiro e esponxoso. Incorpórase aos ovos aos poucos, despois incorpora a fariña e o fermento en po. Mestura suavemente os plátanos. Verter a mestura en dous moldes de 18 cm/7 untados e forrados de 18 cm/7 e cocer no forno precalentado durante 30 minutos ata que estean firmes ao tacto. Deixar arrefriar.

Para facer o recheo, bate o queixo crema, o zume de limón e o mel e unta sobre un dos bolos. Dispoñemos as rodajas de plátano encima e, a continuación, cubra co segundo bolo. Servir espolvoreado con azucre glas.

Bolo de plátano e limón

Fai unha torta de 18 cm

100 g/4 oz/½ cunca de manteiga ou margarina, amolecida

175 g/6 oz/¾ cunca de azucre moído (superfino).

2 ovos, lixeiramente batidos

225 g/8 oz/2 cuncas de fariña autolevantada

2 plátanos, triturados

Para o recheo e o recheo:

75 ml/5 culleres de sopa de requesón de limón

2 plátanos, cortados en rodajas

45 ml/3 culleres de sopa de zume de limón

100 g/4 oz/2/3 cunca de azucre glas (reposteiro), tamizado

Bate a manteiga ou a margarina e o azucre ata que estea lixeiro e esponxoso. Incorpóranse os ovos aos poucos, batendo ben despois de cada engadido, despois incorporar a fariña e as bananas. Verter a mestura en dous moldes de bocadillos de 18 cm/7 untados e forrados e cocer nun forno prequentado a 180°C/350°F/gas marca 4 durante 30 minutos. Retirar e deixar arrefriar.

Bocadificar os bolos xunto co lemon curd e a metade das rodajas de plátano. Espolvoreo as rodajas de plátano restantes con 15 ml/1 colher de sopa de zume de limón. Mestura o zume de limón restante co azucre glas para facer unha xeada dura. Alisa a guinda sobre a torta e decora coas rodajas de plátano.

Bolo de Chocolate de Banana Blender

Fai unha torta de 20 cm

225 g/8 oz/2 cuncas de fariña autolevantada

2,5 ml/½ cucharadita de levadura en po

40 g/1½ oz/3 culleres de sopa de chocolate en po para beber

2 ovos

60 ml/4 culleres de sopa de leite

150 g/5 oz/2/3 cunca de azucre moído (superfino).

100 g/4 oz/½ cunca de margarina branda

2 plátanos maduros, picados

Mesturar a fariña, o fermento en po e o chocolate para beber. Mestura os ingredientes restantes nunha batidora ou procesador de alimentos durante uns 20 segundos: a mestura parecerá callada. Despeje os ingredientes secos e mestura ben. Colocar nun molde de 20 cm engraxado e forrado e cocer no forno prequentado a 180 °C durante aproximadamente 1 hora ata que un pincho introducido no centro saia limpo. Poñer nunha reixa para arrefriar.

Bolo de plátano e cacahuete

Fai un bolo de 900 g/2 lb

275 g/10 oz/2½ cuncas de fariña simple (para todo uso).

225 g/8 oz/1 cunca de azucre moído (superfino).

100 g/4 oz/1 cunca de cacahuetes, finamente picados

15 ml/1 colher de sopa de levadura en po

Un chisco de sal

2 ovos, separados

6 plátanos, triturados

A casca ralada e o zume de 1 limón pequeno

50 g/2 oz/¼ cunca de manteiga ou margarina, derretida

Mesturar a fariña, o azucre, as noces, o fermento en po e o sal. Bater as xemas de ovo e mesturalas coa mestura coas bananas, a casca de limón e o zume e a manteiga ou a margarina. Bater as claras ata que estean ríxidas e, a continuación, incorporalas á mestura. Colocar nunha tixola untada de 900 g/2 lb e cocer nun forno prequentado a 180°C/350°F/gas marca 4 durante 1 hora ata que un pincho introducido no centro saia limpo.

Bolo de plátano e pasas todo en un

Fai un bolo de 900 g/2 lb

450 g/1 lb de plátanos maduros, triturados

50 g/2 oz/½ cunca de noces mixtas picadas

120 ml/4 fl oz/½ cunca de aceite de xirasol

100 g/4 oz/2/3 cunca de pasas

75 g/3 oz/¾ cunca de avea laminada

150 g/5 oz/1¼ cuncas de fariña integral (integral).

1,5 ml/¼ cucharadita de esencia de améndoa (extracto)

Un chisco de sal

Mestura todos os ingredientes para obter unha mestura suave e húmida. Colocar nunha tixola de 900 g/2 lb engrasada e forrada e cocer nun forno prequentado a 190°C/375°F/gas marca 5 durante 1 hora ata que estean douradas e un pincho introducido no centro saia limpo. . Arrefriar na lata durante 10 minutos antes de desfacerse.

Bolo de plátano e whisky

Fai unha torta de 25 cm

225 g/8 oz/1 cunca de manteiga ou margarina, amolecida

450 g/1 lb/2 cuncas de azucre moreno brando

3 plátanos maduros, triturados

4 ovos, lixeiramente batidos

175 g/6 oz/1½ cuncas de noces pecanas, picadas grosamente

225 g/8 oz/11/3 cuncas de sultanas (uvas pasas douradas)

350 g/12 oz/3 cuncas de fariña simple (para todo uso).

15 ml/1 colher de sopa de levadura en po

5 ml/1 cucharadita de canela moída

2,5 ml/½ cucharadita de xenxibre moído

2,5 ml/½ cucharadita de noz moscada relada

150 ml/¼ pinta/2/3 cunca de whisky

Bate a manteiga ou a margarina e o azucre ata que estea lixeiro e esponxoso. Mestura os plátanos, despois bate os ovos aos poucos. Mestura as noces e as sultanas cunha culler grande de fariña, despois, nunha cunca separada, mestura a fariña restante co fermento en po e as especias. Mestura a fariña na mestura de crema alternativamente co whisky. Dobre as noces e as sultanas. Coloque a mestura nun molde para bolo de 25 cm/10 sen engrasar e cocer nun forno prequente a 180 °C/350 °F/gas marca 4 durante 1¼ horas ata que estea suave ao tacto. Deixar arrefriar na lata durante 10 minutos antes de pór nunha reixa para rematar de arrefriar.

Bolo de arándanos

Fai unha torta de 23 cm

175 g/6 oz/¾ cunca de azucre moído (superfino).

60 ml/4 culleres de sopa de aceite

1 ovo, lixeiramente batido

120 ml/4 fl oz/½ cunca de leite

225 g/8 oz/2 cuncas de fariña simple (para todo uso).

10 ml/2 culleres de sopa de fermento en po

2,5 ml/½ cucharadita de sal

225 g/8 oz de arándanos

Para a cobertura:
50 g/2 oz/¼ cunca de manteiga ou margarina, derretida

100 g/4 oz/½ cunca de azucre granulado

50 g/2 oz/¼ cunca de fariña simple (para todo uso).

2,5 ml/½ cucharadita de canela moída

Bater o azucre, o aceite e o ovo ata que estean ben mesturados e pálidos. Mestura o leite, despois mestura a fariña, o fermento en po e o sal. Dobre os arándanos. Verter a mestura nun molde de 23 cm/9 untado e enfariñado. Mestura os ingredientes para cubrir e espolvoreo sobre a mestura. Ás nun forno precalentado a 190 °C/375 °F/gas marca 5 durante 50 minutos ata que un pincho introducido no centro saia limpo. Servir quente.

Bolo de adoquín de cereixas

Fai un bolo de 900 g/2 lb

175 g/6 oz/¾ cunca de manteiga ou margarina, amolecida

175 g/6 oz/¾ cunca de azucre moído (superfino).

3 ovos, batidos

225 g/8 oz/2 cuncas de fariña simple (para todo uso).

2,5 ml/½ cucharadita de levadura en po

100 g/4 oz/2/3 cunca de sultanas (uvas pasas douradas)

150 g/5 oz/2/3 cunca de cereixas glaseadas (confitadas), cortadas en cuartos

225 g/8 oz de cereixas frescas, descaradas (deshuesadas) e cortadas á metade

30 ml/2 culleres de sopa de mermelada de albaricoque (conserva)

Bata a manteiga ou a margarina ata que estea suave, despois bata o azucre. Mestura os ovos, despois a fariña, o fermento en po, as sultanas e as cereixas glaseadas. Colocar nunha culler nun molde de 900 g/2 lb e cocer nun forno prequente a 160°C/325°F/gas marca 3 durante 2 horas e media. Deixar na lata durante 5 minutos e, a continuación, pór nunha reixa para rematar de arrefriar.

Dispoña as cereixas nunha fileira na parte superior do bolo. Poña a ferver a marmelada de albaricoque nunha tixola pequena, despois peneira (coa) e pincela a parte superior do bolo para glasear.

Bolo de cereixa e coco

Fai unha torta de 20 cm

350 g/12 oz/3 cuncas de fariña autolevantada

175 g/6 oz/¾ cunca de manteiga ou margarina

225 g/8 oz/1 cunca de cereixas glacé (confitadas), cortadas en cuartos

100 g/4 oz/1 cunca de coco desecado (rallado).

175 g/6 oz/¾ cunca de azucre moído (superfino).

2 ovos grandes, lixeiramente batidos

200 ml/7 fl oz/escaso 1 cunca de leite

Poñer a fariña nun bol e fregar a manteiga ou a margarina ata que a mestura semella pan relado. Bota as cereixas no coco, despois engádeas á mestura co azucre e mestúraas lixeiramente. Engade os ovos e a maior parte do leite. Bata ben, engadindo extra de leite se é necesario para dar unha consistencia suave. Déixase nun molde engraxado e forrado de 20 cm/8 nun molde para bolo. Ás nun forno precalentado a 180 °C/350 °F/gas marca 4 durante 1 hora e media ata que un pincho introducido no centro saia limpo.

Bolo de cereixa e sultana

Fai un bolo de 900 g/2 lb

100 g/4 oz/½ cunca de manteiga ou margarina, amolecida

100 g/4 oz/½ cunca de azucre moído (superfino).

3 ovos, lixeiramente batidos

100 g/4 oz/½ cunca de cereixas glaseadas (confitadas).

350 g/12 oz/2 cuncas de sultanas (uvas pasas douradas)

175 g/6 oz/1½ cuncas de fariña simple (para todo uso).

Un chisco de sal

Bate a manteiga ou a margarina e o azucre ata que estea lixeiro e esponxoso. Engadir pouco a pouco os ovos. Bota as cereixas e as sultanas nun pouco de fariña para cubrir, despois dobre a fariña restante na mestura co sal. Mesturar as cereixas e as sultanas. Coloque a mestura nunha tixola de 900 g/2 lb engrasada e forrada e coce nun forno prequentado a 160°C/325°F/gas marca 3 durante 1 hora e media ata que un pincho introducido no centro saia limpo.

Bolo xeado de cereixas e noces

Fai unha torta de 18 cm

100 g/4 oz/½ cunca de manteiga ou margarina, amolecida

100 g/4 oz/½ cunca de azucre moído (superfino).

2 ovos, lixeiramente batidos

15 ml/1 colher de sopa de mel transparente

150 g/5 oz/1¼ cuncas de fariña autolevantada

5 ml/1 cda de levadura en po

Un chisco de sal

Para a decoración:

225 g/8 oz/11/3 cuncas de azucre glas (repostería), tamizado

30 ml/2 culleres de sopa de auga

Unhas gotas de colorante alimentario vermello

4 cereixas glacé (confitadas), cortadas á metade

4 metades de noz

Bate a manteiga ou a margarina e o azucre ata que estea lixeiro e esponxoso. Incorpórese aos ovos e o mel aos poucos, despois incorpora a fariña, o fermento en po e o sal. Verter a mestura nun molde de 18 cm engraxado e forrado de 18 cm e cocer nun forno prequentado a 190 °C durante 20 minutos ata que estea ben levado e firme ao tacto. Deixar arrefriar.

Coloque o azucre glas nunha cunca e bata gradualmente a suficiente auga para facer unha xeada (xeada). Estender a maioría sobre a parte superior do bolo. Colorea o glaseado restante cunhas pingas de colorante alimentario, engadindo un pouco máis de azucre glas se isto fai que o glasede demasiado fino. Coloca o glaseado vermello por todo o bolo para dividilo en anacos, despois decórao coas cereixas e as noces.

Bolo de Damson

Fai unha torta de 20 cm

100 g/4 oz/½ cunca de manteiga ou margarina, amolecida

75 g/3 oz/1/3 cunca de azucre moreno brando

2 ovos, lixeiramente batidos

225 g/8 oz/2 cuncas de fariña autolevantada

Dammes de 450 g/1 lb, lapidadas (deshuesadas) e cortadas á metade

50 g/2 oz/½ cunca de noces mixtas picadas.

Bate a manteiga ou a margarina e o azucre ata que estean lixeiros e esponxosos, despois engade os ovos aos poucos, batendo ben despois de cada engadido. Engade a fariña e os dames. Verter a mestura nun molde de 20 cm/8 engraxado e forrado e espolvorear as noces. Ás nun forno precalentado a 190 °C/375 °F/gas marca 5 durante 45 minutos ata que estea firme ao tacto. Deixar arrefriar na lata durante 10 minutos antes de colocar nunha reixa para rematar de arrefriar.

Bolo de dátiles e noces

Fai unha torta de 23 cm

300 ml/½ pt/1¼ cuncas de auga fervendo

225 g/8 oz/11/3 cuncas de dátiles, descascarados e picados

5 ml/1 cucharadita de bicarbonato de sodio (bicarbonato de sodio)

75 g/3 oz/1/3 cunca de manteiga ou margarina, amolecida

225 g/8 oz/1 cunca de azucre moído (superfino).

1 ovo, batido

275 g/10 oz/2½ cuncas de fariña simple (para todo uso).

Un chisco de sal

2,5 ml/½ cucharadita de levadura en po

50 g/2 oz/½ cunca de noces, picadas

Para a cobertura:
50 g/2 oz/¼ cunca de azucre moreno brando

25 g/1 oz/2 culleres de sopa de manteiga ou margarina

30 ml/2 culleres de sopa de leite

Unhas metades de noces para decorar

Poñer a auga, os dátiles e o bicarbonato de sodio nunha cunca e deixar repousar 5 minutos. Bata a manteiga ou a margarina e o azucre ata que estean suaves, despois mestura o ovo coa auga e os dátiles. Mesturar a fariña, o sal e o fermento en po e, a continuación, incorporar á mestura coas noces. Colocar nun molde de 23 cm/9 engraxado e forrado e cocer nun forno prequecido a 180°C/350°F/gas marca 4 durante 1 hora ata que estea firme. Arrefriar nunha reixa.

Para facer a cobertura, mestura o azucre, a manteiga e o leite ata que quede suave. Repartir sobre o bolo e decorar coas metades das noces.

Bolo de limón

Fai unha torta de 20 cm

175 g/6 oz/¾ cunca de manteiga ou margarina, amolecida

175 g/6 oz/¾ cunca de azucre moído (superfino).

2 ovos, batidos

225 g/8 oz/2 cuncas de fariña autolevantada

Zume e casca ralada de 1 limón

60 ml/4 culleres de sopa de leite

Bata a manteiga ou a margarina e 100 g/4 oz/½ cunca de azucre. Engade os ovos pouco a pouco, despois incorpora a fariña e a casca de limón ralada. Mestura o leite suficiente para darlle unha consistencia suave. Coloca a mestura nun molde engraxado e forrado de 20 cm/8 e coce nun forno prequentado a 180 °C/350 °F/marca de gas 4 durante 1 hora ata que estea dourada. Disolver o azucre restante no zume de limón. Pinchar o bolo quente por todo o quente cun garfo e verter a mestura de zume. Deixar arrefriar.

Bolo de laranxa e améndoa

Fai unha torta de 20 cm

4 ovos, separados

100 g/4 oz/½ cunca de azucre moído (superfino).

Casca ralada de 1 laranxa

50 g/2 oz/½ cunca de améndoas, finamente picadas

50 g/2 oz/½ cunca de améndoas moídas

Para o xarope:

100 g/4 oz/½ cunca de azucre moído (superfino).

300 ml/½ pt/1¼ cuncas de zume de laranxa

15 ml/1 cucharada de licor de laranxa (opcional)

1 rama de canela

Bater as xemas de ovo, o azucre, a casca de laranxa, as améndoas e as améndoas moídas. Bater as claras ata que estean firmes e, a continuación, dobralas na mestura. Colocar nun molde de fondo solto de 20 cm/8 enfariñado e enfariñado e cocer nun forno prequentado a 180°C/350°F/gas marca 4 durante 45 minutos ata que estea firme ao tacto. Pinchar todo cun pincho e deixar arrefriar.

Mentres, disolvemos o azucre no zume de laranxa e no licor, se o utilizamos, a lume lento coa rama de canela, remexendo de cando en vez. Poñer a ferver e deixar ferver ata que se reduza a un xarope fino. Desbotar a canela. Colocar o xarope morno sobre o bolo e deixar en remollo.

Bolo de Avea

Fai un bolo de 900 g/2 lb

100 g/4 oz/1 cunca de avea

300 ml/½ pt/1¼ cuncas de auga fervendo

100 g/4 oz/½ cunca de manteiga ou margarina, amolecida

225 g/8 oz/1 cunca de azucre moreno brando

225 g/8 oz/1 cunca de azucre moído (superfino).

2 ovos, lixeiramente batidos

175 g/6 oz/1½ cuncas de fariña simple (para todo uso).

10 ml/2 culleres de sopa de fermento en po

5 ml/1 cucharadita de bicarbonato de sodio (bicarbonato de sodio)

5 ml/1 cucharadita de canela moída

Mollar a avea na auga fervendo. Bate a manteiga ou a margarina e os azucres ata que estean lixeiros e esponxosos. Incorpórase aos ovos aos poucos e despois incorpora a fariña, o fermento en po, o bicarbonato de sodio e a canela. Finalmente, engade a mestura de avea e mestura ata que estea ben mesturado. Colócase nun molde de 900 g/2 lb engraxado e forrado e coce nun forno precalentado a 180 °C/350 °F/gas marca 4 durante aproximadamente 1 hora ata que estea firme ao tacto.

Bolo de mandarín xeado

Fai unha torta de 20 cm

175 g/6 oz/3/4 cunca de margarina branda

250 g/9 oz/xenerosa 1 cunca de azucre moído (superfino).

225 g/8 oz/2 cuncas de fariña autolevantada

5 ml/1 cda de levadura en po

3 ovos

Casca finamente ralada e zume de 1 laranxa pequena

300 g/11 oz/1 lata mediana de mandarinas, ben escurridas

Casca finamente ralada e zume de 1/2 limón

Mestura a margarina, 175 g/6 oz/3/4 cunca de azucre, a fariña, o fermento en po, os ovos, a casca de laranxa e o zume nun procesador de alimentos ou bate cunha batedora eléctrica ata que quede suave. Picar groso os man-daríns e dobralos. Colocar nunha culler nun molde de 20 cm/8 engraxado e forrado. Alisar a superficie. Ás nun forno precalentado a 180 °C/350 °F/gas marca 4 durante 1 hora e 10 minutos ou ata que un pincho introducido no centro saia limpo. Arrefriar durante 5 minutos, despois retirar da lata e colocar nunha reixa. Mentres tanto, mestura o azucre restante coa casca de limón e o zume para obter unha pasta. Repartir por riba e deixar arrefriar.

Bolo de laranxa

Fai unha torta de 20 cm

175 g/6 oz/¾ cunca de manteiga ou margarina, amolecida

175 g/6 oz/¾ cunca de azucre moído (superfino).

2 ovos, batidos

225 g/8 oz/2 cuncas de fariña autolevantada

Zume e casca ralada de 1 laranxa

60 ml/4 culleres de sopa de leite

Bata a manteiga ou a margarina e 100 g/4 oz/½ cunca de azucre. Engade os ovos pouco a pouco, despois incorpora a fariña e a casca de laranxa ralada. Mestura o leite suficiente para dar unha consistencia suave. Coloca a mestura nun molde de 20 cm engraxado e forrado de 20 cm e coce nun forno prequecido a 180 °C durante 1 hora ata que estea dourado. Disolver o azucre restante no zume de laranxa. Pinchar o bolo quente por todo o quente cun garfo e verter a mestura de zume. Deixar arrefriar.

Bolo de pexego

Fai unha torta de 23 cm

100 g/4 oz/½ cunca de manteiga ou margarina, amolecida

225 g/8 oz/1 cunca de azucre moído (superfino).

3 ovos, separados

450 g/1 lb/4 cuncas de fariña simple (para todo uso).

Un chisco de sal

5 ml/1 cucharadita de bicarbonato de sodio (bicarbonato de sodio)

120 ml/4 fl oz/½ cunca de leite

225 g/8 oz/2/3 cunca de mermelada de melocotón (conserva)

Bate a manteiga ou a margarina e o azucre. Incorpórase aos xemas aos poucos, despois incorpora a fariña e o sal. Mestura o bicarbonato de sodio co leite, despois mestura coa mestura do bolo, seguido da marmelada. Bater as claras ata que estean ríxidas e, a continuación, incorporalas á mestura. Colocar en dous moldes de 23 cm engraxados e forrados e cocer nun forno prequecido a 180 °C durante 25 minutos ata que estean ben levados e elásticos ao tacto.

Bolo de laranxa e marsala

Fai unha torta de 23 cm

175 g/6 oz/1 cunca de sultanas (uvas pasas douradas)

120 ml/4 fl oz/½ cunca de Marsala

175 g/6 oz/¾ cunca de manteiga ou margarina, amolecida

100 g/4 oz/½ cunca de azucre moreno brando

225 g/8 oz/1 cunca de azucre moído (superfino).

3 ovos, lixeiramente batidos

Casca finamente ralada de 1 laranxa

5 ml/1 cda de auga de flor de laranxa

275 g/10 oz/2½ cuncas de fariña simple (para todo uso).

10 ml/2 cucharaditas de bicarbonato de sodio (bicarbonato de sodio)

Un chisco de sal

375 ml/13 fl oz/1½ cuncas de leite de leite

Glaseado de licor de laranxa

Mollar as sultanas no Marsala durante a noite.

Bate a manteiga ou a margarina e os azucres ata que estean lixeiros e esponxosos. Bate os ovos aos poucos, despois mestura a casca de laranxa e a auga da flor de laranxa. Incorpórase a fariña, o bicarbonato de sodio e o sal alternativamente coa manteiga. Mesturar as sultanas molladas e Marsala. Colocar en dous moldes de 23 cm engraxados e forrados de 23 cm e cocer nun forno prequentado a 180 °C durante 35 minutos ata que estea elástico ao tacto e empece a encollerse dos lados. das latas. Deixar arrefriar nas latas durante 10 minutos antes de pór nunha reixa para rematar de arrefriar.

Bocadificar os bolos xunto coa metade do glaseado de licor de laranxa e, a continuación, espallar o resto por riba.

Bolo de pexego e pera

Fai unha torta de 23 cm

175 g/6 oz/¾ cunca de manteiga ou margarina, amolecida

150 g/5 oz/2/3 cunca de azucre moído (superfino).

2 ovos, lixeiramente batidos

75 g/3 oz/¾ cunca de fariña integral (integral).

75 g/3 oz/¾ cunca de fariña simple (para todo uso).

10 ml/2 culleres de sopa de fermento en po

15 ml/1 colher de sopa de leite

2 pexegos, esfolados (deshuesados), pelados e picados

2 peras, peladas, peladas e picadas

30 ml/2 culleres de sopa de azucre glas (repostería), tamizado

Bate a manteiga ou a margarina e o azucre ata que estea lixeiro e esponxoso. Incorpórase aos ovos aos poucos, despois incorporase a fariña e o fermento en po, engadindo o leite para darlle á mestura unha consistencia gota. Dobre os pexegos e as peras. Coloque a mestura nun molde de 23 cm engraxado e forrado de 23 cm e cócese nun forno prequentado a 190 °C durante 1 hora ata que estea ben levado e elástico ao tacto. Deixar arrefriar na lata durante 10 minutos antes de pór nunha reixa para rematar de arrefriar. Espolvorear con azucre glas antes de servir.

Bolo de ananás húmido

Fai unha torta de 20 cm

100 g/4 oz/½ cunca de manteiga ou margarina

350 g/12 oz/2 cuncas de froitas secas (mestura de bolo de froitas)

225 g/8 oz/1 cunca de azucre moreno brando

5 ml/1 cucharadita de especias mesturadas (pastel de mazá).

5 ml/1 cucharadita de bicarbonato de sodio (bicarbonato de sodio)

425 g/15 oz/1 lata grande de piña triturada sen azucre, escorregada

225 g/8 oz/2 cuncas de fariña autolevantada

2 ovos, batidos

Poñer nunha tixola todos os ingredientes excepto a fariña e os ovos e quentar suavemente ata ferver, mexendo ben. Ferva de forma constante durante 3 minutos, despois deixe que a mestura se arrefríe completamente. Mesturar a fariña, despois mesturar gradualmente os ovos. Coloca a mestura nun molde engraxado e forrado de 20 cm/8 e coce nun forno prequentado a 180 °C/350 °F/gas marca 4 durante 1½-1¾ horas ata que estea ben levado e firme ao tacto. Deixar arrefriar na lata.

Bolo de piña e cereixa

Fai unha torta de 20 cm

100 g/4 oz/½ cunca de manteiga ou margarina, amolecida

100 g/4 oz/1 cunca de azucre moído (superfino).

2 ovos, batidos

225 g/8 oz/2 cuncas de fariña autolevantada

2,5 ml/½ cucharadita de levadura en po

2,5 ml/½ cucharadita de canela moída

175 g/6 oz/1 cunca de sultanas (uvas pasas douradas)

25 g/1 oz/2 culleres de sopa de cereixas glaseadas (confitadas).

400 g/14 oz/1 lata grande de ananás, escurrida e picada

30 ml/2 culleres de sopa de augardente ou ron

Azucre glas (de repostería), peneirado, para espolvorear

Bate a manteiga ou a margarina e o azucre ata que estea lixeiro e esponxoso. Incorpórase aos ovos aos poucos e despois incorpora a fariña, o fermento en po e a canela. Mestura suavemente os ingredientes restantes. Coloque a mestura nun molde de 20 cm engraxado e forrado de 20 cm e coce no forno prequente a 160 °C durante 1 hora e media ata que un pincho introducido no centro saia limpo. Deixar arrefriar, despois servir espolvoreado con azucre glas.

Torta de piña natal

Fai unha torta de 23 cm

50 g/2 oz/¼ cunca de manteiga ou margarina

100 g/4 oz/½ cunca de azucre moído (superfino).

1 ovo, lixeiramente batido

150 g/5 oz/1¼ cuncas de fariña autolevantada

Un chisco de sal

120 ml/4 fl oz/½ cunca de leite

Para a cobertura:

100 g/4 oz de piña fresca ou enlatada, ralada grosamente

1 mazá (de sobremesa) para comer, pelada, descorazonada e ralada grosamente

120 ml/4 onzas líquidas/½ cunca de zume de laranxa

15 ml/1 colher de sopa de zume de limón

100 g/4 oz/½ cunca de azucre moído (superfino).

5 ml/1 cucharadita de canela moída

Derrete a manteiga ou a margarina, despois bata o azucre e o ovo ata que estea espumosa. Incorpórase a fariña e o sal alternativamente co leite para facer unha masa. Colocar nunha culler de 23 cm/9 nun molde para bolo e cocer nun forno prequentado a 180°C/350°F/gas marca 4 durante 25 minutos ata que estean dourados e elásticos.

Poña a ebulición todos os ingredientes da cuberta e, a continuación, deixe ferver durante 10 minutos. Culler sobre o bolo morno e grella (asar) ata que a piña comece a dourarse. Arrefriar antes de servir quente ou frío.

Piña ao revés

Fai unha torta de 20 cm

175 g/6 oz/¾ cunca de manteiga ou margarina, amolecida

175 g/6 oz/¾ cunca de azucre moreno brando

400 g/14 oz/1 lata grande de rodajas de ananás, escorregada e o zume reservado

4 cereixas glacé (confitadas), cortadas á metade

2 ovos

100 g/4 oz/1 cunca de fariña autolevantada

Bata 75 g/3 oz/1/3 cunca de manteiga ou margarina con 75 g/3 oz/1/3 cunca de azucre ata que estea lixeira e esponxosa e unta sobre a base dun molde untado de 20 cm/8 (pan). Dispoñemos as rodajas de ananás por riba e salpicamos coas cereixas, co lado redondeado para abaixo. Bata o resto da manteiga ou a margarina e o azucre e, a continuación, bata os ovos aos poucos. Engade a fariña e 30 ml/2 culleres de sopa do zume de ananás reservado. Culler sobre a piña e cocer nun forno prequentado a 180 °C/350 °F/gas marca 4 durante 45 minutos ata que estea firme ao tacto. Deixar arrefriar na lata durante 5 minutos, despois retirar con coidado da lata e inverter sobre unha reixa para arrefriar.

Bolo de ananás e noces

Fai unha torta de 23 cm

225 g/8 oz/1 cunca de manteiga ou margarina, amolecida

225 g/8 oz/1 cunca de azucre moído (superfino).

5 ovos

350 g/12 oz/3 cuncas de fariña simple (para todo uso).

100 g/4 oz/1 cunca de noces, picadas grosamente

100 g/4 oz/2/3 cunca de ananás glacé (confitada), picada

Un pouco de leite

Bate a manteiga ou a margarina e o azucre ata que estea lixeiro e esponxoso. Incorpórase aos ovos aos poucos e, a continuación, engade a fariña, as noces e a piña, engadindo o suficiente leite para darlle unha consistencia que caiga. Colocar nunha culler de 23 cm/9 nun molde para bolo (forma) e cocer nun forno prequentado a 150°C/300°F/marca de gas 2 durante 1 hora e media ata que un pincho introducido no centro saia limpo.

Bolo de framboesas

Fai unha torta de 20 cm

100 g/4 oz/½ cunca de manteiga ou margarina, amolecida

200 g/7 oz/escaso 1 cunca de azucre moído (superfino).

2 ovos, lixeiramente batidos

250 ml/8 fl oz/1 cunca de crema azeda (leite).

5 ml/1 cucharadita de esencia de vainilla (extracto)

250 g/9 oz/2¼ cuncas de fariña simple (para todo uso).

5 ml/1 cda de levadura en po

5 ml/1 cucharadita de bicarbonato de sodio (bicarbonato de sodio)

5 ml/1 cda de cacao (chocolate sen azucre) en po

2,5 ml/½ cucharadita de sal

100 g/4 oz de framboesas conxeladas frescas ou descongeladas

Para a cobertura:

30 ml/2 culleres de sopa de azucre moído (superfino).

5 ml/1 cucharadita de canela moída

Bate a manteiga ou a margarina e o azucre. Incorpóranse os ovos aos poucos, despois a nata e a esencia de vainilla. Engade a fariña, o fermento en po, o bicarbonato de sodio, o cacao e o sal. Dobre as framboesas. Colocar nunha culler de 20 cm/8 nun molde para bolo. Mestura o azucre e a canela e espolvoreo por riba do bolo. Ás nun forno precalentado a 200 °C/400 °F/gas marca 4 durante 35 minutos ata que estean dourados e un pincho no centro saia limpo. Espolvoreo co azucre mesturado coa canela.

Bolo de Ruibarbo

Fai unha torta de 20 cm

225 g/8 oz/2 cuncas de fariña integral (integral).

10 ml/2 culleres de sopa de fermento en po

10 ml/2 cucharaditas de canela moída

45 ml/3 culleres de sopa de mel transparente

175 g/6 oz/1 cunca de sultanas (uvas pasas douradas)

2 ovos

150 ml/¼ pt/2/3 cunca de leite

225 g/8 oz de ruibarbo, picado

30 ml/2 culleres de sopa de azucre demerara

Mestura todos os ingredientes excepto o ruibarbo e o azucre. Incorpórase o ruibarbo e colócalo nun molde engraxado e enfariñado de 20 cm/8 nun molde. Espolvoreo co azucre. Ás nun forno precalentado a 180 °C/350 °F/gas marca 4 durante 45 minutos ata que estea firme. Deixar arrefriar na lata durante 10 minutos antes de desmoldar.

Bolo de mel de ruibarbo

Fai dous bolos de 450 g/1 lb

250 g/9 oz/2/3 cunca de mel transparente

120 ml/4 fl oz/½ cunca de aceite

1 ovo, lixeiramente batido

15 ml/1 cucharada de bicarbonato de sodio (bicarbonato de sodio)

150 ml/¼ pt/2/3 cunca de iogur natural

75 ml/5 culleres de sopa de auga

350 g/12 oz/3 cuncas de fariña simple (para todo uso).

10 ml/2 culleres de sopa de sal

350 g/12 oz de ruibarbo, finamente picado

5 ml/1 cucharadita de esencia de vainilla (extracto)

50 g/2 oz/½ cunca de noces mixtas picadas

Para a cobertura:
75 g/3 oz/1/3 cunca de azucre moreno brando

5 ml/1 cucharadita de canela moída

15 ml/1 cucharada de manteiga ou margarina, derretida

Mestura o mel e o aceite, despois bate o ovo. Mestura o bicarbonato de sodio co iogur e auga ata que se disolva. Mesturar a fariña e o sal e engadir á mestura de mel alternativamente co iogur. Mestura o ruibarbo, a esencia de vainilla e as noces. Verter en dous moldes de 450 g/1 lb untados e forrados. Mestura os ingredientes da cobertura e espolvoreo sobre os bolos. Ás nun forno precalentado a 160 °C/325 °F/gas marca 3 durante 1 hora ata que estea firme ao tacto e dourada por riba. Deixar arrefriar nas latas durante 10 minutos e, a continuación, pór nunha reixa para rematar de arrefriar.

Bolo de remolacha

Fai unha torta de 20 cm

250 g/9 oz/1¼ cuncas de fariña simple (para todo uso).

15 ml/1 colher de sopa de levadura en po

5 ml/1 cucharadita de canela moída

Un chisco de sal

150 ml/8 fl oz/1 cunca de aceite

300 g/11 oz/11/3 cuncas de azucre moído (superfino).

3 ovos, separados

150 g/5 oz de remolacha crúa, pelada e ralada grosamente

150 g/5 oz de cenorias, raladas grosamente

100 g/4 oz/1 cunca de noces mixtas picadas

Mesturar a fariña, o fermento en po, a canela e o sal. Bater o aceite e o azucre. Bater as xemas de ovos, a remolacha, as cenorias e as noces. Bater as claras ata que estean ríxidas e, a continuación, incorporar á mestura cunha culler de metal. Coloque a mestura nun molde de 20 cm engraxado e forrado de 20 cm e cócese nun forno prequentado a 180 °C durante 1 hora ata que estea suave ao tacto.

Bolo de cenoria e plátano

Fai unha torta de 20 cm

175 g/6 oz de cenorias, raladas

2 plátanos, triturados

75 g/3 oz/½ cunca de sultanas (uvas pasas douradas)

50 g/2 oz/½ cunca de noces mixtas picadas

175 g/6 oz/1½ cuncas de fariña autolevantada

5 ml/1 cda de levadura en po

5 ml/1 cucharadita de especias mesturadas (pastel de mazá).

Zume e casca ralada de 1 laranxa

2 ovos, batidos

75 g/3 oz/1/2 cunca de azucre moscovado lixeiro

100 ml/31/2 fl oz/escaso 1/2 cunca de aceite de xirasol

Mestura todos os ingredientes ata que estean ben mesturados. Colocar nun molde de 20 cm engraxado e forrado de 20 cm e cocer no forno prequentado a 180 °C durante 1 hora ata que un pincho introducido no centro saia limpo.

Bolo de cenoria e mazá

Fai unha torta de 23 cm

250 g/9 oz/2¼ cuncas de fariña autolevantada

5 ml/1 cucharadita de bicarbonato de sodio (bicarbonato de sodio)

5 ml/1 cucharadita de canela moída

175 g/6 oz/¾ cunca de azucre moreno brando

Casca finamente ralada de 1 laranxa

3 ovos

200 ml/7 fl oz/escaso 1 cunca de aceite

150 g/5 oz de mazás para comer (de postre), peladas, peladas e raladas

150 g/5 oz de cenorias, raladas

100 g/4 oz/2/3 cunca de albaricoques secos listos para comer, picados

100 g/4 oz/1 cunca de pacanas ou noces picadas

Mestura a fariña, o bicarbonato de sodio e a canela, despois mestura o azucre e a casca de laranxa. Bata os ovos no aceite, despois mestura a mazá, as cenorias e os dous terzos dos albaricoques e as noces. Engade a mestura de fariña e colócala nun molde engraxado e forrado de 23 cm/9 nun molde para bolo. Espolvoreo co resto de albaricoques e noces picados. Ás nun forno precalentado a 180 °C/350 °F/gas marca 4 durante 30 minutos ata que estea suave ao tacto. Deixar arrefriar lixeiramente na lata e, a continuación, pór nunha reixa para rematar de arrefriar.

Bolo de cenoria e canela

Fai unha torta de 20 cm

100 g/4 oz/1 cunca de fariña integral (integral).

100 g/4 oz/1 cunca de fariña simple (para todo uso).

15 ml/1 cullerada de sopa de canela moída

5 ml/1 cda de noz moscada ralada

10 ml/2 culleres de sopa de fermento en po

100 g/4 oz/½ cunca de manteiga ou margarina

100 g/4 oz/1/3 cunca de mel transparente

100 g/4 oz/½ cunca de azucre moreno brando

225 g/8 oz de cenoria, ralada

Mesturar nunha cunca a fariña, a canela, a noz moscada e o fermento en po. Derrete a manteiga ou a margarina co mel e o azucre, despois mestura coa fariña. Mesturar as cenorias e combinar ben. Colocar nun molde de 20 cm engraxado e forrado de 20 cm e cocer nun forno prequentado a 160°C/325°F/gas marca 3 durante 1 hora ata que un pincho introducido no centro saia limpo. Deixar arrefriar na lata durante 10 minutos e, a continuación, pór nunha reixa para rematar de arrefriar.

Bolo de cenoria e cabaciño

Fai unha torta de 23 cm

2 ovos

175 g/6 oz/¾ cunca de azucre moreno brando

100 g/4 oz de cenorias, raladas

50 g/2 oz de cabaciñas (cabacín), reladadas

75 ml/5 culleres de sopa de aceite

225 g/8 oz/2 cuncas de fariña autolevantada

2,5 ml/½ cucharadita de levadura en po

5 ml/1 cucharadita de especias mesturadas (pastel de mazá).

Glaseado de queixo crema

Mestura os ovos, o azucre, as cenorias, os cabaciños e o aceite. Mestura a fariña, o fermento en po e as especias mesturadas e mestura ata conseguir unha masa suave. Colocar nun molde de 23 cm engraxado e forrado de 23 cm e cocer no forno prequentado a 180 °C durante 30 minutos ata que un pincho introducido no centro saia limpo. Deixar arrefriar, despois untar con glaseado de queixo crema.

Bolo de cenoria e xenxibre

Fai unha torta de 20 cm

175 g/6 oz/2/3 cunca de manteiga ou margarina

100 g/4 oz/1/3 cunca de xarope dourado (millo claro).

120 ml/4 fl oz/½ cunca de auga

100 g/4 oz/½ cunca de azucre moreno brando

150 g/5 oz de cenorias, raladas grosamente

5 ml/1 cucharadita de bicarbonato de sodio (bicarbonato de sodio)

200 g/7 oz/1¾ cuncas de fariña simple (para todo uso).

100 g/4 oz/1 cunca de fariña autolevantada

5 ml/1 cucharadita de xenxibre moído

Un chisco de sal

Para o glaseado:

175 g/6 oz/1 cunca de azucre glas (reposteiro), tamizado

5 ml/1 cucharadita de manteiga ou margarina, amolecida

30 ml/2 culleres de sopa de zume de limón

Derrete a manteiga ou a margarina co xarope, a auga e o azucre, despois deixe ferver. Retirar do lume e mesturar as cenorias e o bicarbonato de sodio. Deixar arrefriar. Mestura a fariña, o xenxibre e o sal, colócalo nun molde de 20 cm untado de manteiga e coce no forno prequentado a 180 °C/350 °F/gas marca 4 durante 45 minutos ata que estea ben levado. o tacto. Retirar e deixar arrefriar.

Mestura o azucre glas coa manteiga ou a margarina e o zume de limón suficiente para facer un glaseado untable. Corta o bolo pola metade horizontalmente e, a continuación, usa a metade do glaseado para emparellar o bolo e distribuír o resto por riba.

Bolo de cenoria e noces

Fai unha torta de 18 cm

2 ovos grandes, separados

150 g/5 oz/2/3 cunca de azucre moído (superfino).

225 g/8 oz de cenoria, ralada

150 g/5 oz/1¼ cuncas de noces mixtas picadas

10 ml/2 culleres de té de casca de limón relada

50 g/2 oz/½ cunca de fariña simple (para todo uso).

2,5 ml/½ cucharadita de levadura en po

Bater as xemas e o azucre ata que estean espesas e cremosas. Mestura as cenorias, as noces e a casca de limón, despois incorpora a fariña e o fermento en po. Bater as claras ata que formen picos suaves, despois dobre na mestura. Converte nun molde cadrado de 19 cm/7 untado. Ás nun forno precalentado a 180 °C/350 °F/gas marca 4 durante 40-45 minutos ata que un pincho introducido no centro saia limpo.

Bolo de cenoria, laranxa e noces

Fai unha torta de 20 cm

100 g/4 oz/½ cunca de manteiga ou margarina, amolecida

100 g/4 oz/½ cunca de azucre moreno brando

5 ml/1 cucharadita de canela moída

5 ml/1 cda de casca de laranxa ralada

2 ovos, lixeiramente batidos

15 ml/1 colher de sopa de zume de laranxa

100 g/4 oz de cenorias, finamente raladas

50 g/2 oz/½ cunca de noces mixtas picadas

225 g/8 oz/2 cuncas de fariña autolevantada

5 ml/1 cda de levadura en po

Bata a manteiga ou a margarina, o azucre, a canela e a casca de laranxa ata que estean lixeiros e esponxosos. Incorpórase aos ovos e o zume de laranxa aos poucos, despois incorpora as cenorias, as noces, a fariña e o fermento en po. Colocar nunha culler de 20 cm/8 nun molde para bolo (forma) e cocer nun forno prequentado a 180°C/350°F/gas marca 4 durante 45 minutos ata que estea elástico ao tacto.

Bolo de cenoria, ananás e coco

Fai unha torta de 25 cm

3 ovos

350 g/12 oz/1½ cuncas de azucre moído (superfino).

300 ml/½ pt/1¼ cuncas de aceite

5 ml/1 cucharadita de esencia de vainilla (extracto)

225 g/8 oz/2 cuncas de fariña simple (para todo uso).

5 ml/1 cucharadita de bicarbonato de sodio (bicarbonato de sodio)

10 ml/2 cucharaditas de canela moída

5 ml/1 cda de sal

225 g/8 oz de cenoria, ralada

100 g/4 oz de piña enlatada, escurrida e triturada

100 g/4 oz/1 cunca de coco desecado (rallado).

100 g/4 oz/1 cunca de noces mixtas picadas

Azucre glas (de repostería), peneirado, para espolvorear

Bater os ovos, o azucre, o aceite e a esencia de vainilla. Mesturar a fariña, o bicarbonato de sodio, a canela e o sal e bater gradualmente na mestura. Dobre as cenorias, a ananás, o coco e as noces. Poñer nun molde de 25 cm untado e enfariñado de 25 cm e cocer no forno prequentado a 160 °C durante 1¼ horas ata que un pincho introducido no centro saia limpo. Deixar arrefriar na lata durante 10 minutos antes de pór nunha reixa para rematar de arrefriar. Espolvoreo con azucre glas antes de servir.

Bolo de cenoria e pistacho

Fai unha torta de 23 cm

100 g/4 oz/½ cunca de manteiga ou margarina, amolecida

100 g/4 oz/½ cunca de azucre moído (superfino).

2 ovos

225 g/8 oz/2 cuncas de fariña simple (para todo uso).

5 ml/1 cucharadita de bicarbonato de sodio (bicarbonato de sodio)

5 ml/1 cucharadita de cardamomo moído

225 g/8 oz de cenoria, ralada

50 g/2 oz/½ cunca de pistachos picados

50 g/2 oz/½ cunca de améndoas moídas

100 g/4 oz/2/3 cunca de sultanas (uvas pasas douradas)

Bate a manteiga ou a margarina e o azucre ata que estea lixeiro e esponxoso. Incorpóranse os ovos aos poucos, batendo ben despois de cada engadido, despois incorporar a fariña, o bicarbonato de sodio e o cardamomo. Mestura as cenorias, as noces, as améndoas moídas e as pasas. Coloca a mestura nun molde de 23 cm engraxado e forrado de 23 cm e coce nun forno prequente a 180 °C durante 40 minutos ata que estea ben dourado e elástico ao tacto.

Bolo de cenoria e noces

Fai unha torta de 23 cm

200 ml/7 fl oz/escaso 1 cunca de aceite

4 ovos

225 g/8 oz/2/3 cunca de mel transparente

225 g/8 oz/2 cuncas de fariña integral (integral).

10 ml/2 culleres de sopa de fermento en po

2,5 ml/½ cucharadita de bicarbonato de sodio (bicarbonato de sodio)

Un chisco de sal

5 ml/1 cucharadita de esencia de vainilla (extracto)

175 g/6 oz de cenorias, raladas grosamente

175 g/6 oz/1 cunca de pasas

100 g/4 oz/1 cunca de noces, finamente picadas

Mestura o aceite, os ovos e o mel. Mestura gradualmente todos os ingredientes restantes e bate ata que estean ben mesturados. Colocar nun molde de 23 cm untado e enfariñado de 23 cm e cocer no forno prequentado a 180°C/350°F/gas marca 4 durante 1 hora ata que un pincho introducido no centro saia limpo.

Bolo de cenoria especiado

Fai unha torta de 18 cm

175 g/6 oz/1 cunca de dátiles

120 ml/4 fl oz/½ cunca de auga

175 g/6 oz/¾ cunca de manteiga ou margarina, amolecida

2 ovos, lixeiramente batidos

225 g/8 oz/2 cuncas de fariña autolevantada

175 g/6 oz de cenoria, finamente ralada

25 g/1 oz/¼ cunca de améndoas moídas

Casca ralada de 1 laranxa

2,5 ml/½ cucharadita de especias mesturadas (torta de mazá).

2,5 ml/½ cucharadita de canela moída

2,5 ml/½ cucharadita de xenxibre moído

                        Para o glaseado:

350 g/12 oz/1½ cuncas de quark

25 g/1 oz/2 culleres de sopa de manteiga ou margarina, amolecida

Casca ralada de 1 laranxa

Coloque os dátiles e a auga nunha tixola pequena, deixe ferver e deixe ferver durante 10 minutos ata que estea suave. Retire e descarte as pedras (foos), despois pique os dátiles finamente. Mestura os dátiles e o líquido, a manteiga ou a margarina e os ovos ata que quede cremoso. Dobre todos os ingredientes restantes do bolo. Verter a mestura nun molde de 18 cm engraxado e forrado de 18 cm/7 e cocer nun forno prequentado a 180°C/350°F/gas marca 4 durante 1 hora ata que un pincho introducido no centro saia limpo. Deixar arrefriar na lata durante 10 minutos antes de pór nunha reixa para rematar de arrefriar.

Para facer o glaseado, bate todos os ingredientes ata conseguir unha consistencia untable, engadindo un pouco máis de zume de laranxa ou auga se é necesario. Cortar o bolo pola metade horizontalmente, emparellar as capas xunto coa metade da cobertura e repartir o resto por riba.

Bolo de cenoria e azucre moreno

Fai unha torta de 18 cm

5 ovos, separados

200 g/7 oz/escaso 1 cunca de azucre moreno brando

15 ml/1 colher de sopa de zume de limón

300 g/10 oz de cenorias raladas

225 g/8 oz/2 cuncas de améndoas moídas

25 g/1 oz/¼ cunca de fariña integral (integral).

5 ml/1 cucharadita de canela moída

25 g/1 oz/2 culleres de sopa de manteiga ou margarina, derretida

25 g/1 oz/2 culleres de sopa de azucre moído (superfino).

30 ml/2 culleres de sopa de crema única (lixeira).

75 g/3 oz/¾ cunca de noces mixtas picadas

Bata as xemas de ovo ata que estean espumosas, bata o azucre ata que quede suave e despois bata o zume de limón. Mestura un terzo das cenorias, despois un terzo das améndoas e continúa deste xeito ata que estean todas combinadas. Mesturar a fariña e a canela. Bater as claras ata que estean firmes e, a continuación, dóbraas na mestura cunha culler de metal. Colocar nun molde de 18 cm/7 de profundidade engraxado e forrado e cocer nun forno prequente a 180°C/350°F/gas marca 4 durante 1 hora. Cubra o bolo con papel encerado e reduza a temperatura do forno a 160 °C/325 °F/marca de gas 3 durante 15 minutos máis ou ata que o bolo se encolle lixeiramente desde os lados da lata e o centro aínda estea húmido. . Deixa o bolo na lata ata que estea quente, despois quítao para rematar de arrefriar.

Combina a manteiga derretida ou a margarina, o azucre, a nata e as noces, verte sobre o bolo e cociña baixo unha grella mediana ata que estean douradas.

Bolo de cabaciño e medula

Fai unha torta de 20 cm

225 g/8 oz/1 cunca de azucre moído (superfino).

2 ovos, batidos

120 ml/4 fl oz/½ cunca de aceite

100 g/4 oz/1 cunca de fariña simple (para todo uso).

5 ml/1 cda de levadura en po

2,5 ml/½ cucharadita de bicarbonato de sodio (bicarbonato de sodio)

2,5 ml/½ cucharadita de sal

100 g/4 oz de cabaciños (cabacín), relados

100 g/4 oz de piña triturada

50 g/2 oz/½ cunca de noces, picadas

5 ml/1 cucharadita de esencia de vainilla (extracto)

Bater o azucre e os ovos ata que estean pálidos e ben mesturados. Bata o aceite e despois os ingredientes secos. Incorpórase os cabaciños, a piña, as noces e a esencia de vainilla. Colocar nun molde de bizcocho de 20 cm untado e enfariñado e cocer no forno prequentado a 180°C/350°F/gas marca 4 durante 1 hora ata que un pincho introducido no centro saia limpo. Deixar arrefriar na lata durante 30 minutos antes de pór nunha reixa para rematar de arrefriar.

Bolo de cabaciño e laranxa

Fai unha torta de 25 cm

225 g/8 oz/1 cunca de manteiga ou margarina, amolecida

450 g/1 lb/2 cuncas de azucre moreno brando

4 ovos, lixeiramente batidos

275 g/10 oz/2½ cuncas de fariña simple (para todo uso).

15 ml/1 colher de sopa de levadura en po

2,5 ml/½ cucharadita de sal

5 ml/1 cucharadita de canela moída

2,5 ml/½ cucharadita de noz moscada relada

Un chisco de cravo moído

A casca ralada e o zume de 1 laranxa

225 g/8 oz/2 cuncas de cabaciño (cabaciño), relado

Bate a manteiga ou a margarina e o azucre ata que estea lixeiro e esponxoso. Incorpórase aos ovos aos poucos, despois incorpora a fariña, o fermento en po, o sal e as especias alternando coa casca de laranxa e o zume. Mesturar os cabaciños. Colocar nunha culler de 25 cm/10 cm nun molde para bolo e cocer nun forno prequentado a 180°C/350°F/gas marca 4 durante 1 hora ata que estean dourados e elásticos ao tacto. Se a parte superior comeza a dourarse demasiado cara ao final da cocción, cubra con papel encerado.

Bolo de cabaciño especiado

Fai unha torta de 25 cm

350 g/12 oz/3 cuncas de fariña simple (para todo uso).

10 ml/2 culleres de sopa de fermento en po

7,5 ml/1½ cucharadita de canela moída

5 ml/1 cucharadita de bicarbonato de sodio (bicarbonato de sodio)

2,5 ml/½ cucharadita de sal

8 claras de ovo

450 g/1 lb/2 cuncas de azucre moído (superfino).

100 g/4 oz/1 cunca de puré de mazá (salsa)

120 ml/4 fl oz/½ cunca de leite de leite

15 ml/1 cucharada de esencia de vainilla (extracto)

5 ml/1 cda de casca de laranxa finamente ralada

350 g/12 oz/3 cuncas de cabaciño (cabaciño), relado

75 g/3 oz/¾ cunca de noces picadas

Para a cobertura:

100 g/4 oz/½ cunca de queixo crema

25 g/1 oz/2 culleres de sopa de manteiga ou margarina, amolecida

5 ml/1 cda de casca de laranxa finamente ralada

10 ml/2 culleres de sopa de zume de laranxa

350 g/12 oz/2 cuncas de azucre glas (reposteiro), tamizado

Mestura os ingredientes secos. Bater as claras ata que formen picos suaves. Incorpórase lentamente o azucre, despois o puré de mazá, a manteiga, a esencia de vainilla e a casca de laranxa. Engade a mestura de fariña, despois os cabaciños e as noces. Colocar nunha culler de 25 cm/10 cm nun molde para bolo e cocer nun forno prequentado a 150°C/300°F/gas marca 2 durante 1 hora ata que un pincho introducido no centro saia limpo. Deixar arrefriar na lata.

Bata todos os ingredientes para cubrir ata que quede suave, engadindo azucre suficiente para facer unha consistencia untable. Estender sobre o bolo arrefriado.

Bolo de cabaza

Fai un bolo de 23 x 33 cm/9 x 13 po

450 g/1 lb/2 cuncas de azucre moído (superfino).

4 ovos, batidos

375 ml/13 fl oz/1½ cuncas de aceite

350 g/12 oz/3 cuncas de fariña simple (para todo uso).

15 ml/1 colher de sopa de levadura en po

10 ml/2 cucharaditas de bicarbonato de sodio (bicarbonato de sodio)

10 ml/2 cucharaditas de canela moída

2,5 ml/½ cucharadita de xenxibre moído

Un chisco de sal

225 g/8 oz de cabaza cocida cortada en dados

100 g/4 oz/1 cunca de noces picadas

Bater o azucre e os ovos ata que estean ben mesturados, despois bater o aceite. Mestura os ingredientes restantes. Colocar nun molde de forno de 23 x 33 cm/ 9 x 13 untado e enfariñado e cocer no forno prequente a 180°C/350°F/gas marca 4 durante 1 hora ata que saia un pincho introducido no centro. limpar.

Bolo de cabaza con froitas

Fai unha torta de 20 cm

100 g/4 oz/½ cunca de manteiga ou margarina, amolecida

150 g/5 oz/2/3 cunca de azucre moreno brando

2 ovos, lixeiramente batidos

225 g/8 oz de cabaza cocida en frío

30 ml/2 culleres de sopa de xarope dourado (millo claro).

225 g/8 oz 1/1/3 cuncas de froitas secas (mestura de bolo de froitas)

225 g/8 oz/2 cuncas de fariña autolevantada

50 g/2 oz/½ cunca de farelo

Bate a manteiga ou a margarina e o azucre ata que estea lixeiro e esponxoso. Incorpórase aos ovos aos poucos e despois incorpora o resto dos ingredientes. Colocar nun molde de 20 cm engraxado e forrado de 20 cm e cocer nun forno prequentado a 160°C/325°F/gas marca 3 durante 1¼ horas ata que un pincho introducido no centro saia limpo.

Rolo de cabaza especiado

Fai un rolo de 30 cm/12 polgadas

75 g/3 oz/¾ cunca de fariña simple (para todo uso).

5 ml/1 cucharadita de bicarbonato de sodio (bicarbonato de sodio)

5 ml/1 cucharadita de xenxibre moído

2,5 ml/½ cucharadita de noz moscada relada

10 ml/2 cucharaditas de canela moída

Un chisco de sal

1 ovo

225 g/8 oz/1 cunca de azucre moído (superfino).

100 g/4 oz de cabaza cocida, cortada en dados

5 ml/1 cda de zume de limón

4 claras de ovo

50 g/2 oz/½ cunca de noces, picadas

50 g/2 oz/1/3 cunca de azucre glas (reposteiro), tamizado

Para o recheo:
175 g/6 oz/1 cunca de azucre glas (reposteiro), tamizado

100 g/4 oz/½ cunca de queixo crema

2,5 ml/½ cucharadita de esencia de vainilla (extracto)

Mestura a fariña, o bicarbonato de sodio, as especias e o sal. Bata o ovo ata que estea espeso e pálido, despois bata o azucre ata que a mestura estea pálida e cremosa. Mestura a cabaza e o zume de limón. Dobre a mestura de fariña. Nunha tigela limpa bate as claras ata que estean firmes. Dobre na mestura de bolo e espállase nun molde suízo de 30 x 12 cm/12 x 8 engraxado e forrado e espolvoreo as noces por riba. Ás nun forno precalentado a 190 °C/375 °F/gas marca 5 durante 10 minutos ata que estea suave ao tacto. Peneira o azucre glas sobre un pano limpo (pano de prato) e dálle a volta o bolo á toalla. Retira o papel de forro e enrola o bolo e a toalla, despois deixa arrefriar.

Para facer o recheo, bate gradualmente o azucre no queixo crema e a esencia de vainilla ata que teña unha mestura untable. Desenrola o bolo e estende o recheo por riba. Volve a enrolar o bolo e deixa arrefriar antes de servir espolvoreado cun pouco máis de azucre glas.

Bolo de ruibarbo e mel

Fai dous bolos de 450 g/1 lb

250 g/9 oz/¾ cunca de mel transparente

100 ml/4 fl oz/½ cunca de aceite

1 ovo

5 ml/1 cucharadita de bicarbonato de sodio (bicarbonato de sodio)

60 ml/4 culleres de sopa de auga

350 g/12 oz/3 cuncas de fariña integral (integral).

10 ml/2 culleres de sopa de sal

350 g/12 oz de ruibarbo, finamente picado

5 ml/1 cucharadita de esencia de vainilla (extracto)

50 g/2 oz/½ cunca de noces mixtas picadas (opcional)

Para a cobertura:

75 g/3 oz/1/3 cunca de azucre moscovado

5 ml/1 cucharadita de canela moída

15 g/½ oz/1 cucharada de manteiga ou margarina, amolecida

Mestura o mel e o aceite. Engadir o ovo e bater ben. Engade o bicarbonato de sodio á auga e deixa que se disolve. Mesturar a fariña e o sal. Engade á mestura de mel alternativamente coa mestura de bicarbonato de sodio. Mestura o ruibarbo, a esencia de vainilla e as noces, se o usas. Verter en dous moldes de 450 g/1 lb untados. Mestura os ingredientes da cobertura e espállase sobre a mestura do bolo. Ás nun forno precalentado a 180 °C/350 °F/gas marca 4 durante 1 hora ata que estea suave ao tacto.

Bolo de pataca doce

Fai unha torta de 23 cm

300 g/11 oz/2¾ cuncas de fariña simple (para todo uso).

15 ml/1 colher de sopa de levadura en po

5 ml/1 cucharadita de canela moída

5 ml/1 cda de noz moscada ralada

Un chisco de sal

350 g/12 oz/1¾ cuncas de azucre moído (superfino).

375 ml/13 fl oz/1½ cuncas de aceite

60 ml/4 culleres de sopa de auga fervida

4 ovos, separados

225 g/8 oz de patacas doces, peladas e raladas grosamente

100 g/4 oz/1 cunca de noces mixtas picadas

5 ml/1 cucharadita de esencia de vainilla (extracto)

Para o glaseado:

225 g/8 oz/11/3 cuncas de azucre glas (repostería), tamizado

50 g/2 oz/¼ cunca de manteiga ou margarina, amolecida

250 g/9 oz/1 queixo crema de tina mediana

50 g/2 oz/½ cunca de noces mixtas picadas

Unha pitada de canela moída para espolvorear

Mesturar a fariña, o fermento en po, a canela, a noz moscada e o sal. Bata o azucre e o aceite, despois engade a auga fervendo e bata ata que estea ben mesturado. Engade as xemas de ovo e a mestura de fariña e mestura ata que estea ben mesturado. Mesturar as patacas doces, as noces e a esencia de vainilla. Bater as claras ata que estean firmes e, a continuación, incorporalas á mestura.

Colocar en dous moldes de 23 cm untados e enfariñados e enfornar nun forno prequentado a 180 °C durante 40 minutos ata que estea elástico ao tacto. Deixar arrefriar nas latas durante 5 minutos, despois pór sobre unha reixa para rematar de arrefriar.

Mestura o azucre glas, a manteiga ou a margarina e a metade do queixo crema. Estender a metade do queixo crema restante sobre un bolo e, a continuación, estender a guinda sobre o queixo. Sandwich as tortas xuntos. Estender o queixo crema restante por riba e espolvorear as noces e a canela por riba antes de servir.

Bolo italiano de améndoas

Fai unha torta de 20 cm

1 ovo

150 ml/¼ pt/2/3 cunca de leite

2,5 ml/½ cucharadita de esencia de améndoa (extracto)

45 ml/3 culleres de sopa de manteiga, derretida

350 g/12 oz/3 cuncas de fariña simple (para todo uso).

100 g/4 oz/½ cunca de azucre moído (superfino).

10 ml/2 culleres de sopa de fermento en po

2,5 ml/½ cucharadita de sal

1 clara de ovo

100 g/4 oz/1 cunca de améndoas picadas

Nunha cunca bate o ovo e, a continuación, engade pouco a pouco o leite, a esencia de améndoa e a manteiga derretida, batendo todo o tempo. Engade a fariña, o azucre, o fermento en po e o sal e continúa mesturando ata que quede suave. Colócalo nun molde engraxado e forrado de 20 cm/ 8 cm. Bater a clara de ovo ata que estea espumosa, despois pincelar xenerosamente a parte superior do bolo e espolvorear as améndoas. Ás nun forno precalentado a 220 °C/425 °F/gas marca 7 durante 25 minutos ata que estean dourados e elásticos ao tacto.

Torta de améndoa e café

Fai unha torta de 23 cm

8 ovos, separados

175 g/6 oz/¾ cunca de azucre moído (superfino).

60 ml/4 culleres de sopa de café negro forte

175 g/6 oz/1½ cuncas de améndoas moídas

45 ml/3 culleres de sopa de sémola (crema de trigo)

100 g/4 oz/1 cunca de fariña simple (para todo uso).

Bater as xemas e o azucre ata que estean ben espesas e cremosas. Engadir o café, as améndoas moídas e a sémola e bater ben. Dobre a fariña. Bater as claras ata que estean firmes e, a continuación, incorporalas á mestura. Poñer nunha culler de 23 cm/9 nun molde para bolo (forma) e cocer nun forno prequente a 180 °C/350 °F/gas marca 4 durante 45 minutos ata que estea elástico ao tacto.

Bolo de améndoa e mel

Fai unha torta de 20 cm

225 g/8 oz de cenoria, ralada

75 g/3 oz/¾ cunca de améndoas, picadas

2 ovos, batidos

100 ml/4 fl oz/½ cunca de mel transparente

60 ml/4 culleres de sopa de aceite

150 ml/¼ pt/2/3 cunca de leite

150 g/5 oz/1¼ cuncas de fariña integral (integral).

10 ml/2 culleres de sopa de sal

10 ml/2 cucharaditas de bicarbonato de sodio (bicarbonato de sodio)

15 ml/1 cullerada de sopa de canela moída

Mestura as cenorias e as noces. Bater os ovos co mel, o aceite e o leite, despois mesturar a mestura de cenoria. Mesturar a fariña, o sal, o bicarbonato de sodio e a canela e mesturar a mestura de cenoria. Verter a mestura nun molde cadrado de 20 cm/8 de espesor de espesor e engraxar e cocer nun forno prequentado a 150°C/300°F/gas marca 2 durante 1¾ horas ata que un pincho introducido no centro saia limpo. . Deixar arrefriar na lata durante 10 minutos antes de desmoldar.

Bolo de améndoa e limón

Fai unha torta de 23 cm

25 g/1 oz/¼ cunca de améndoas en escamas (laminadas).

100 g/4 oz/½ cunca de manteiga ou margarina, amolecida

100 g/4 oz/½ cunca de azucre moreno brando

2 ovos, batidos

100 g/4 oz/1 cunca de fariña autolevantada

A casca ralada de 1 limón

Para o xarope:
75 g/3 oz/1/3 cunca de azucre moído (superfino).

45-60 ml/3-4 culleres de sopa de zume de limón

Untamos e forramos un molde para bolo de 23 cm/9 e espolvoreamos as améndoas sobre a base. Bate a manteiga e o azucre moreno. Bater os ovos un a un, despois incorporar a fariña e a casca de limón. Colocar na lata preparada e nivelar a superficie. Ás nun forno precalentado a 180 °C/350 °F/gas marca 4 durante 20-25 minutos ata que estea ben levado e elástico ao tacto.

Mentres tanto, quenta o azucre moído e o zume de limón nunha tixola, mexendo de vez en cando, ata que o azucre se disolva. Retira o bolo do forno e deixa arrefriar durante 2 minutos, despois pásao nunha reixa coa base arriba. Colar sobre o xarope, despois deixar arrefriar completamente.

Bolo de améndoas con laranxa

Fai unha torta de 20 cm

225 g/8 oz/1 cunca de manteiga ou margarina, amolecida

225 g/8 oz/1 cunca de azucre moído (superfino).

4 ovos, separados

225 g/8 oz/2 cuncas de fariña simple (para todo uso).

10 ml/2 culleres de sopa de fermento en po

50 g/2 oz/½ cunca de améndoas moídas

5 ml/1 cda de casca de laranxa ralada

Bate a manteiga ou a margarina e o azucre ata que estea lixeiro e esponxoso. Bater as xemas de ovo, despois incorporar a fariña, o fermento en po, as améndoas moídas e a casca de laranxa. Bater as claras ata que estean ríxidas e, a continuación, incorporar á mestura cunha culler de metal. Colocar nun molde de 20 cm engraxado e forrado de 20 cm e cocer no forno prequentado a 180 °C durante 1 hora ata que un pincho introducido no centro saia limpo.

Bolo rico de améndoas

Fai unha torta de 18 cm

100 g/4 oz/½ cunca de manteiga ou margarina, amolecida

150 g/5 oz/2/3 cunca de azucre moído (superfino).

3 ovos, lixeiramente batidos

75 g/3 oz/¾ cunca de améndoas moídas

50 g/2 oz/½ cunca de fariña simple (para todo uso).

Unhas gotas de esencia de améndoa (extracto)

Bate a manteiga ou a margarina e o azucre ata que estea lixeiro e esponxoso. Incorpórase aos ovos aos poucos e despois incorporamos as améndoas moídas, a fariña e a esencia de améndoa. Colocar nun molde de 18 cm engraxado e forrado de 18 cm e cocer nun forno prequentado a 180°C/350°F/gas marca 4 durante 45 minutos ata que estea elástico ao tacto.

Bolo de macarrón sueco

Fai unha torta de 23 cm

100 g/4 oz/1 cunca de améndoas moídas

75 g/3 oz/1/3 cunca de azucre granulado

5 ml/1 cda de levadura en po

2 claras grandes, batidas

Mestura as améndoas, o azucre e o fermento en po. Mesturar as claras ata que a mestura estea espesa e suave. Colocar nunha tixola de sándwich de 23 cm de espesor e forrado e cocer nun forno prequentado a 160 °C durante 20-25 minutos ata que estean dourados. Sae do molde con moito coidado xa que o bolo é fráxil.

Pan de coco

Fai un pan de 450 g/1 lb

100 g/4 oz/1 cunca de fariña autolevantada

225 g/8 oz/1 cunca de azucre moído (superfino).

100 g/4 oz/1 cunca de coco desecado (rallado).

1 ovo

120 ml/4 fl oz/½ cunca de leite

Un chisco de sal

Mestura ben todos os ingredientes e colócalo nun molde engraxado e forrado de 450 g/1 lb. Ás nun forno precalentado a 180 °C/350 °F/gas marca 4 durante aproximadamente 1 hora ata que estean dourados e elásticos ao tacto.

Bolo de coco

Fai unha torta de 23 cm

75 g/3 oz/1/3 cunca de manteiga ou margarina

150 ml/¼ pt/2/3 cunca de leite

2 ovos, lixeiramente batidos

225 g/8 oz/1 cunca de azucre moído (superfino).

150 g/5 oz/1¼ cuncas de fariña autolevantada

Un chisco de sal

Para a cobertura:
100 g/4 oz/½ cunca de manteiga ou margarina

75 g/3 oz/¾ de cunca de coco desecado (rallado).

60 ml/4 culleres de sopa de mel transparente

45 ml/3 culleres de sopa de leite

50 g/2 oz/¼ cunca de azucre moreno brando

Derreter a manteiga ou a margarina no leite, despois deixar arrefriar un pouco. Bata os ovos e o azucre moído ata que estean lixeiros e escumosos, despois bata a mestura de manteiga e leite. Mestura a fariña e o sal para facer unha mestura bastante fina. Colocar nunha culler de 23 cm/9 nun molde para bolo (forma) e cocer nun forno prequentado a 180°C/350°F/gas marca 4 durante 40 minutos ata que estean dourados e elásticos ao tacto.

Mentres tanto, ferva os ingredientes da cobertura nunha tixola. Retira o bolo morno e colócalo sobre a mestura de cobertura. Poñer baixo unha grella quente (grill) durante uns minutos ata que a cobertura comeza a dourarse.

Bolo de coco dourado

Fai unha torta de 20 cm

100 g/4 oz/½ cunca de manteiga ou margarina, amolecida

200 g/7 oz/escaso 1 cunca de azucre moído (superfino).

200 g/7 oz/1¾ cuncas de fariña simple (para todo uso).

10 ml/2 culleres de sopa de fermento en po

Un chisco de sal

175 ml/6 fl oz/¾ cunca de leite

3 claras de ovo

Para o recheo e o recheo:

150 g/5 oz/1¼ cuncas de coco desecado (rallado).

200 g/7 oz/escaso 1 cunca de azucre moído (superfino).

120 ml/4 fl oz/½ cunca de leite

120 ml/4 fl oz/½ cunca de auga

3 xemas de ovo

Bate a manteiga ou a margarina e o azucre ata que estea lixeiro e esponxoso. Mestura a fariña, o fermento en po e o sal na mestura alternativamente co leite e a auga ata obter unha masa homoxénea. Bater as claras ata que estean firmes e, a continuación, incorporalas á masa. Colocar a mestura en dous moldes de 20 cm untados de 8 cm de espesor e cocer nun forno prequentado a 180 °C durante 25 minutos ata que estea elástico ao tacto. Deixar arrefriar.

Mestura o coco, o azucre, o leite e as xemas de ovo nunha tixola pequena. Quenta a lume suave durante uns minutos ata que os ovos estean cocidos, mexendo continuamente. Deixar arrefriar. Bocadillos os bolos xunto coa metade da mestura de coco e, a continuación, coloque o resto por riba.

Bolo de capas de coco

Fai unha torta de 9 x 18 cm/3½ x 7 in

100 g/4 oz/½ cunca de manteiga ou margarina, amolecida

175 g/6 oz/¾ cunca de azucre moído (superfino).

3 ovos

175 g/6 oz/1½ cuncas de fariña simple (para todo uso).

5 ml/1 cda de levadura en po

175 g/6 oz/1 cunca de sultanas (uvas pasas douradas)

120 ml/4 fl oz/½ cunca de leite

6 galletas simples (galletas), trituradas

100 g/4 oz/½ cunca de azucre moreno brando

100 g/4 oz/1 cunca de coco desecado (rallado).

Bata a manteiga ou a margarina e o azucre moído ata que estea lixeiro e esponxoso. Bater aos poucos dous ovos, despois incorporar a fariña, o fermento en po e as sultanas alternando co leite. Coloca a metade da mestura nun molde de 450 g/1 lb untado e forrado. Mestura o ovo restante coas migas de biscoito, o azucre moreno e o coco e espolvoreo na lata. Colocar a mestura restante e cocer nun forno precalentado a 180 °C/350 °F/gas marca 4 durante 1 hora. Deixar arrefriar na lata durante 30 minutos e, a continuación, pór nunha reixa para rematar de arrefriar.

Bolo de coco e limón

Fai unha torta de 20 cm

100 g/4 oz/½ cunca de manteiga ou margarina, amolecida

75 g/3 oz/1/3 cunca de azucre moreno brando

A casca ralada de 1 limón

1 ovo, batido

Unhas gotas de esencia de améndoa (extracto)

350 g/12 oz/3 cuncas de fariña autolevantada

60 ml/4 culleres de sopa de marmelada de framboesa (conservar)

Para a cobertura:

1 ovo, batido

75 g/3 oz/1/3 cunca de azucre moreno brando

225 g/8 oz/2 cuncas de coco desecado (rallado).

Bata a manteiga ou a margarina, o azucre e a casca de limón ata que estean lixeiros e esponxosos. Incorpórase pouco a pouco o ovo e a esencia de améndoa e despois incorporase a fariña. Verter a mestura nun molde engraxado e forrado de 20 cm/8 nun molde. Colocar a marmelada sobre a mestura. Bata os ingredientes da cuberta e unta sobre a mestura. Ás nun forno precalentado a 180 °C/350 °F/gas marca 4 durante 30 minutos ata que estea suave ao tacto. Deixar arrefriar na lata.

Bolo de ano novo de coco

Fai unha torta de 18 cm

100 g/4 oz/½ cunca de manteiga ou margarina, amolecida

100 g/4 oz/½ cunca de azucre moído (superfino).

2 ovos, lixeiramente batidos

75 g/3 oz/¾ cunca de fariña simple (para todo uso).

45 ml/3 culleres de sopa de coco desecado (rallado).

30 ml/2 culleres de sopa de ron

Unhas gotas de esencia de améndoa (extracto)

Unhas gotas de esencia de limón (extracto)

Bate a manteiga e o azucre ata que estea lixeiro e esponxoso. Incorpórase aos ovos aos poucos, despois incorpora a fariña e o coco. Mesturar o ron e as esencias. Colocar nunha culler nun molde de 18 cm/7 untado e forrado e nivelar a superficie. Ás nun forno precalentado a 190 °C/375 °F/marca de gas 5 durante 45 minutos ata que un pincho introducido no centro saia limpo. Deixar arrefriar na lata.

Bolo de coco e sultana

Fai unha torta de 23 cm

100 g/4 oz/½ cunca de manteiga ou margarina, amolecida

175 g/6 oz/¾ cunca de azucre moído (superfino).

2 ovos, lixeiramente batidos

175 g/6 oz/1½ cuncas de fariña simple (para todo uso).

5 ml/1 cda de levadura en po

Un chisco de sal

175 g/6 oz/1 cunca de sultanas (uvas pasas douradas)

120 ml/4 fl oz/½ cunca de leite

Para o recheo:

1 ovo, lixeiramente batido

50 g/2 oz/½ cunca de migas de galletas simples

100 g/4 oz/½ cunca de azucre moreno brando

100 g/4 oz/1 cunca de coco desecado (rallado).

Bata a manteiga ou a margarina e o azucre moído ata que estea lixeiro e esponxoso. Mestura gradualmente os ovos. Engade a fariña, o fermento en po, o sal e as sultanas con suficiente leite para facer unha consistencia suave. Colocar a metade da mestura nun molde untado de 23 cm/9 nun molde para bolo. Mestura os ingredientes do recheo e colócalo sobre a mestura e, a continuación, cubra coa mestura de bolo restante. Ás nun forno precalentado a 180 °C/350 °F/gas marca 4 durante 1 hora ata que estea ao tacto e empece a encollerse dos lados da lata. Deixar arrefriar na lata antes de desfacerse.

Bolo de noces con tapa crocante

Fai unha torta de 23 cm

225 g/8 oz/1 cunca de manteiga ou margarina, amolecida

225 g/8 oz/1 cunca de azucre moído (superfino).

2 ovos, lixeiramente batidos

225 g/8 oz/2 cuncas de fariña simple (para todo uso).

2,5 ml/½ cucharadita de bicarbonato de sodio (bicarbonato de sodio)

2,5 ml/½ cucharadita de crema tártara

200 ml/7 fl oz/escaso 1 cunca de leite

                          Para a cobertura:

100 g/4 oz/1 cunca de noces mixtas picadas

100 g/4 oz/½ cunca de azucre moreno brando

5 ml/1 cucharadita de canela moída

Bata a manteiga ou a margarina e o azucre moído ata que estea lixeiro e esponxoso. Incorpóranse os ovos aos poucos e despois incorporamos a fariña, o bicarbonato de sodio e a crema tártara alternando co leite. Colocar nunha culler nun molde de 23 cm/9 untado e forrado. Mesturar as noces, o azucre moreno e a canela e espolvorear por riba do bolo. Ás nun forno precalentado a 180 °C/350 °F/gas marca 4 durante 40 minutos ata que estean dourados e se encolle dos lados da lata. Deixar arrefriar na lata durante 10 minutos e, a continuación, pór nunha reixa para rematar de arrefriar.

Bolo Mixto de Noces

Fai unha torta de 23 cm

100 g/4 oz/½ cunca de manteiga ou margarina, amolecida

225 g/8 oz/1 cunca de azucre moído (superfino).

1 ovo, batido

225 g/8 oz/2 cuncas de fariña autolevantada

10 ml/2 culleres de sopa de fermento en po

Un chisco de sal

250 ml/8 fl oz/1 cunca de leite

5 ml/1 cucharadita de esencia de vainilla (extracto)

2,5 ml/½ cucharadita de esencia de limón (extracto)

100 g/4 oz/1 cunca de noces mixtas picadas

Bate a manteiga ou a margarina e o azucre ata que estea lixeiro e esponxoso. Bater aos poucos o ovo. Mesturar a fariña, o fermento en po e o sal e engadir á mestura alternativamente co leite e as esencias. Dobre as noces. Culler en dous moldes de 23 cm engraxados e forrados de 23 cm e cocer nun forno prequentado a 180 °F/350 °F/gas marca 4 durante 40 minutos ata que un pincho introducido no centro saia limpo.

Bolo de noces gregas

Fai unha torta de 25 cm

100 g/4 oz/½ cunca de manteiga ou margarina, amolecida

225 g/8 oz/1 cunca de azucre moído (superfino).

3 ovos, lixeiramente batidos

250 g/9 oz/2¼ cuncas de fariña simple (para todo uso).

225 g/8 oz/2 cuncas de noces moídas

10 ml/2 culleres de sopa de fermento en po

5 ml/1 cucharadita de canela moída

1,5 ml/¼ cucharadita de cravo moído

Un chisco de sal

75 ml/5 culleres de sopa de leite

Para o xarope de mel:
175 g/6 oz/¾ cunca de azucre moído (superfino).

75 g/3 oz/¼ cunca de mel transparente

15 ml/1 colher de sopa de zume de limón

250 ml/8 fl oz/1 cunca de auga fervendo

Bate a manteiga ou a margarina e o azucre ata que estea lixeiro e esponxoso. Incorpórase aos ovos aos poucos, despois incorpora a fariña, as noces, o fermento en po, as especias e o sal. Engade o leite e mestura ata que quede suave. Colocar nunha culler de 25 cm/10 cm/10 nun molde para bolo e cocer nun forno prequentado a 180°C/350°F/marca de gas 4 durante 40 minutos ata que estea elástico ao tacto. Deixar arrefriar na lata durante 10 minutos, despois transferir a unha reixa.

Para facer o xarope, mestura o azucre, o mel, o zume de limón e a auga e quenta ata que se disolva. Pincha o bolo quente cun garfo e, a continuación, colócao sobre o xarope de mel.

Bolo xeado de noces

Fai unha torta de 18 cm

100 g/4 oz/½ cunca de manteiga ou margarina, amolecida

100 g/4 oz/½ cunca de azucre moído (superfino).

2 ovos, lixeiramente batidos

100 g/4 oz/1 cunca de fariña autolevantada

100 g/4 oz/1 cunca de noces picadas

Un chisco de sal

                        Para o glaseado:
450 g/1 lb/2 cuncas de azucre granulado

150 ml/¼ pt/2/3 cunca de auga

2 claras de ovo

Unhas metades de noces para decorar

Bata a manteiga ou a margarina e o azucre moído ata que estea lixeiro e esponxoso. Incorpórase aos ovos aos poucos e despois incorpora a fariña, as noces e o sal. Colocar a mestura en dous moldes de 18 cm untados e forrados de 18 cm e cocer nun forno prequecido a 180°C/350°F/gas marca 4 durante 25 minutos ata que estean ben levados e elásticos ao tacto. Deixar arrefriar.

Disolver o azucre granulado na auga a lume lento, mexendo continuamente, despois levar a ebulición e continuar a ferver, sen revolver, ata que unha gota da mestura forme unha bóla branda ao botarse en auga fría. Mentres tanto, bate as claras nun bol limpo ata que estean firmes. Despeje o xarope sobre a clara de ovo e bata ata que a mestura estea o suficientemente espesa como para cubrir o dorso dunha culler. Bocadificar as tortas xunto cunha capa de glaseado, despois espallar o resto sobre a parte superior e os lados da torta e decorar coas metades de noces.

Bolo de noces con crema de chocolate

Fai unha torta de 18 cm

3 ovos

75 g/3 oz/1/3 cunca de azucre moreno brando

50 g/2 oz/½ cunca de fariña integral (integral).

25 g/1 oz/¼ cunca de cacao (chocolate sen azucre) en po

Para o glaseado:
150 g/5 oz/1¼ cuncas de chocolate simple (semidoce).

225 g/8 oz/1 cunca de queixo crema baixo en graxa

45 ml/3 culleres de sopa de azucre glas (repostería), tamizado

75 g/3 oz/¾ cunca de noces picadas

15 ml/1 cucharada de brandy (opcional)

Chocolate relado para decorar

Mestura os ovos e o azucre moreno ata que estean pálidos e espesos. Engade a fariña e o cacao. Coloque a mestura en dous moldes de bocadillos de 18 cm/7 engraxados e forrados e cocer nun forno prequentado a 190 °C/375 °F/gas marca 5 durante 15-20 minutos ata que estean ben levados e elásticos ao tacto. Retirar das latas e deixar arrefriar.

Derrete o chocolate nunha tixela resistente á calor sobre unha pota con auga fervendo suavemente. Retirar do lume e mesturar o queixo crema e o azucre glas, despois mesturar as noces e o brandy, se se usa. Sandwich as tortas xunto coa maior parte do recheo e unta o resto por riba. Decorar co chocolate relado.

Bolo de noces con mel e canela

Fai unha torta de 23 cm

225 g/8 oz/2 cuncas de fariña simple (para todo uso).

10 ml/2 culleres de sopa de fermento en po

5 ml/1 cucharadita de bicarbonato de sodio (bicarbonato de sodio)

5 ml/1 cucharadita de canela moída

Un chisco de sal

100 g/4 oz/1 cunca de iogur natural

75 ml/5 culleres de sopa de aceite

100 g/4 oz/1/3 cunca de mel transparente

1 ovo, lixeiramente batido

5 ml/1 cucharadita de esencia de vainilla (extracto)

Para o recheo:

50 g/2 oz/½ cunca de noces picadas

225 g/8 oz/1 cunca de azucre moreno brando

10 ml/2 cucharaditas de canela moída

30 ml/2 culleres de sopa de aceite

Mestura os ingredientes secos para o bolo e fai un pozo no centro. Mestura os ingredientes restantes do bolo e mestura cos ingredientes secos. Mestura os ingredientes para o recheo. Colocar a metade da mestura do bolo nun molde de 23 cm/9 untado e enfariñado e espolvoreo coa metade do recheo. Engade a mestura de bolo restante, despois o recheo restante. Ás nun forno precalentado a 180 °C/350 °F / marca de gas 4 durante 30 minutos ata que estea ben levantado e dourado e comece a encollerse dos lados da tixola.

Barras de améndoa e mel

Fai 10

15 g/½ oz de levadura fresca ou 20 ml/4 cdas de levadura seca

45 ml/3 culleres de sopa de azucre moído (superfino).

120 ml/4 onzas líquidas/½ cunca de leite morno

300 g/11 oz/2¾ cuncas de fariña simple (para todo uso).

Un chisco de sal

1 ovo, lixeiramente batido

50 g/2 oz/¼ cunca de manteiga ou margarina, amolecida

300 ml/½ pt/1¼ cuncas de crema dobre (pesada).

30 ml/2 culleres de sopa de azucre glas (repostería), tamizado

45 ml/3 culleres de sopa de mel transparente

300 g/11 oz/2¾ cuncas de améndoas en escamas (laminadas).

Mestura a levadura, 5 ml/1 colher de sopa de azucre moído e un pouco de leite e deixa nun lugar cálido durante 20 minutos ata que estea espumosa. Mestura o azucre restante coa fariña e o sal e fai un pozo no centro. Mestura gradualmente o ovo, a manteiga ou a margarina, a mestura de fermento e o leite quente restante e mestura ata obter unha masa suave. Amasar nunha superficie lixeiramente enfariñada ata que estea lisa e elástica. Poñer nun recipiente untado con aceite, cubrir con papel film (envoltura de plástico) e deixar nun lugar cálido durante 45 minutos ata que dobre o seu tamaño.

Volve amasar a masa, despois estirala e colócala nun molde de bolo engraxado de 30 x 20 cm/12 x 8 cm, pincha todo cun garfo, tapa e deixa nun lugar cálido durante 10 minutos.

Poña 120 ml/4 fl oz/½ cunca de nata, o azucre glas e o mel nunha tixola pequena e deixe ferver. Retirar do lume e mesturar as améndoas. Estender sobre a masa e, a continuación, cocer nun forno precalentado a 200 °C/400 °F/gas marca 6 durante 20 minutos ata que estean dourados e elásticos ao tacto, cubrindo con papel encerado (encerado) se a parte superior comeza a dourarse demasiado antes. o final da cocción. Retirar e deixar arrefriar.

Cortar o bolo pola metade horizontalmente. Bater a nata restante ata que estea firme e espallada pola metade inferior do bolo. Cubrir coa metade do bolo cuberto de améndoa e cortar en barras.

Barras de crumble de mazá e groselha negra

Fai 12

175 g/6 oz/1½ cuncas de fariña simple (para todo uso).

5 ml/1 cda de levadura en po

Un chisco de sal

175 g/6 oz/¾ cunca de manteiga ou margarina

225 g/8 oz/1 cunca de azucre moreno brando

100 g/4 oz/1 cunca de avea laminada

450 g/1 lb de mazás de cocción (tarta), peladas, descascaradas e cortadas en rodajas

30 ml/2 culleradas de fariña de millo (fécula de millo)

10 ml/2 cucharaditas de canela moída

2,5 ml/½ cucharadita de noz moscada relada

2,5 ml/½ cucharadita de pementa moída

225 g/8 oz de groselhas negras

Mestura a fariña, o fermento en po e o sal, despois esfregue a manteiga ou a margarina. Mestura o azucre e a avea. Colocar a metade na base dun molde de 25 cm/9 untado e forrado nun molde cadrado. Mesturar as mazás, a fariña de millo e as especias e repartir. Arriba coas grosellas negras. Colocar sobre a mestura restante e nivelar a parte superior. Ás nun forno precalentado a 180 °C/350 °F/gas marca 4 durante 30 minutos ata que estea primaveral. Deixar arrefriar, logo cortar en barras.

Barras de albaricoque e avea

Fai 24

75 g/3 oz/½ cunca de albaricoques secos

25 g/1 oz/3 culleres de sopa de uvas pasas douradas

250 ml/8 fl oz/1 cunca de auga

5 ml/1 cda de zume de limón

150 g/5 oz/2/3 cunca de azucre moreno brando

50 g/2 oz/½ cunca de coco desecado (rallado).

50 g/2 oz/½ cunca de fariña simple (para todo uso).

2,5 ml/½ cucharadita de bicarbonato de sodio (bicarbonato de sodio)

100 g/4 oz/1 cunca de avea laminada

50 g/2 oz/¼ cunca de manteiga, derretida

Poñer nunha tixola pequena os albaricoques, as sultanas, a auga, o zume de limón e 30 ml/2 culleres de sopa de azucre moreno e remover a lume suave ata que quede espesa. Mestura o coco e deixa arrefriar. Mestura a fariña, o bicarbonato de sodio, a avea e o azucre restante, despois mestura a manteiga derretida. Preme a metade da mestura de avea na base dun molde de forno cadrado de 20 cm/8 untado e, a continuación, unta a mestura de albaricoque por riba. Cubra coa mestura de avea restante e presione levemente. Ás nun forno precalentado a 180 °C/350 °F/gas marca 4 durante 30 minutos ata que estean dourados. Deixar arrefriar, logo cortar en barras.

Crunchies de Damasco

Fai 16

100 g/4 oz/2/3 cunca de albaricoques secos listos para comer

120 ml/4 onzas líquidas/½ cunca de zume de laranxa

100 g/4 oz/½ cunca de manteiga ou margarina

75 g/3 oz/¾ cunca de fariña integral (integral).

75 g/3 oz/¾ cunca de avea laminada

75 g/3 oz/1/3 cunca de azucre demerara

Mollar os albaricoques no zume de laranxa durante polo menos 30 minutos ata que estean suaves, despois escorrer e cortar. Fregue a manteiga ou a margarina na fariña ata que a mestura semella pan relado. Mesturar a avea e o azucre. Preme a metade da mestura nun molde suízo de 30 x 20 cm/12 x 8 engraxado e espolvoreo cos albaricoques. Estender a mestura restante por riba e presionar suavemente. Ás nun forno precalentado a 180 °C/350 °F/gas marca 4 durante 25 minutos ata que estean dourados. Deixar arrefriar na lata antes de desfacer e cortar en barras.

Barras de plátano de noces

Fai uns 14

50 g/2 oz/¼ cunca de manteiga ou margarina, amolecida

75 g/3 oz/1/3 cunca de rodadura (superfino) ou azucre moreno brando

2 plátanos grandes, picados

175 g/6 oz/1½ cuncas de fariña simple (para todo uso).

7,5 ml/1½ cucharadita de levadura en po

2 ovos, batidos

50 g/2 oz/½ cunca de noces, picadas groseiramente

Bate a manteiga ou a margarina e o azucre. Triturar as bananas e mesturar a mestura. Mestura a fariña e o fermento en po. Engade a fariña, os ovos e as noces á mestura de bananas e bata ben. Colocar nunha culler nun molde de bolo de 18 x 28 cm/7 x 11 untado e forrado, nivelar a superficie e cocer nun forno prequentado a 160 °C/325 °F/gas marca 3 durante 30-35 minutos ata que estea suave ao tacto. Deixar arrefriar durante uns minutos na lata e, a continuación, pór nunha reixa para rematar de arrefriar. Cortar nunhas 14 barras.

Brownies americanos

Fai uns 15

2 ovos grandes

225 g/8 oz/1 cunca de azucre moído (superfino).

50 g/2 oz/¼ cunca de manteiga ou margarina, derretida

2,5 ml/½ cucharadita de esencia de vainilla (extracto)

75 g/3 oz/¾ cunca de fariña simple (para todo uso).

45 ml/3 culleres de sopa de cacao (chocolate sen azucre) en po

2,5 ml/½ cucharadita de levadura en po

Un chisco de sal

50 g/2 oz/½ cunca de noces, picadas groseiramente

Mestura os ovos e o azucre ata que estea espeso e cremoso. Bater a manteiga e a esencia de vainilla. Tamizar a fariña, o cacao, o fermento en po e o sal e incorporar á mestura coas noces. Verter nun molde cadrado de 20 cm/8 ben untado. Ás nun forno precalentado a 180 °C/350 °F/gas marca 4 durante 40-45 minutos ata que estea elástico ao tacto. Deixar na lata durante 10 minutos, despois cortar en cadrados e transferir a unha reixa mentres aínda está quente.

Brownies de Chocolate Fudge

Fai uns 16

225 g/8 oz/1 cunca de manteiga ou margarina

175 g/6 oz/¾ cunca de azucre granulado

350 g/12 oz/3 cuncas de fariña autolevantada

30 ml/2 culleres de sopa de cacao (chocolate sen azucre) en po

Para o glaseado:

175 g/6 oz/1 cunca de azucre glas (reposteiro), tamizado

30 ml/2 culleres de sopa de cacao (chocolate sen azucre) en po

Auga fervendo

Derrita a manteiga ou a margarina, despois mestura o azucre granulado. Mesturar a fariña e o cacao. Preme nun molde forrado de 18 x 28 cm/7 x 11. Ás nun forno precalentado a 180 °C/350 °F/gas marca 4 durante uns 20 minutos ata que estea suave ao tacto.

Para facer o glaseado, peneira o azucre glas e o cacao nunha cunca e engade unha pinga de auga fervendo. Mestura ata que estea ben mesturado, engadindo unha pinga ou máis auga se é necesario. Coloca os brownies con xeo mentres aínda están quentes (pero non quentes), despois deixalos arrefriar antes de cortalos en cadrados.

Brownies de noces e chocolate

Fai 12

50 g/2 oz/½ cunca de chocolate simple (semidoce).

75 g/3 oz/1/3 cunca de manteiga ou margarina

225 g/8 oz/1 cunca de azucre moído (superfino).

75 g/3 oz/¾ cunca de fariña simple (para todo uso).

75 g/3 oz/¾ cunca de noces picadas

50 g/2 oz/½ cunca de chips de chocolate

2 ovos, batidos

2,5 ml/½ cucharadita de esencia de vainilla (extracto)

Derrete o chocolate e a manteiga ou a margarina nunha cunca resistente ao calor sobre unha pota con auga fervendo suavemente. Retirar do lume e mesturar os ingredientes restantes. Colocar nun molde de 20 cm engraxado e forrado de 20 cm e cocer no forno prequentado a 180°C/350°F/gas marca 4 durante 30 minutos ata que un pincho introducido no centro saia limpo. Deixar arrefriar na lata, despois cortar en cadrados.

Barras de manteiga

Fai 16

100 g/4 oz/½ cunca de manteiga ou margarina, amolecida

100 g/4 oz/½ cunca de azucre moído (superfino).

1 ovo, separado

100 g/4 oz/1 cunca de fariña simple (para todo uso).

25 g/1 oz/¼ cunca de noces mixtas picadas

Bate a manteiga ou a margarina e o azucre ata que estea lixeiro e esponxoso. Mestura a xema de ovo, despois mestura a fariña e as noces para facer unha mestura bastante dura. Se está moi duro, engade un pouco de leite; se está a morrer, mestura un pouco máis de fariña. Coloque a masa nunha lata suíza de 30 x 20 cm/12 x 8 engrasada. Bater a clara de ovo ata que estea espumosa e repartir sobre a mestura. Ás nun forno precalentado a 180 °C/350 °F/gas marca 4 durante 30 minutos ata que estean dourados. Deixar arrefriar, logo cortar en barras.

Tarxeta de caramelo de cereixa

Fai 12

100 g/4 oz/1 cunca de améndoas

225 g/8 oz/1 cunca de cereixas glaseadas (confitadas), cortadas á metade

225 g/8 oz/1 cunca de manteiga ou margarina, amolecida

225 g/8 oz/1 cunca de azucre moído (superfino).

3 ovos, batidos

100 g/4 oz/1 cunca de fariña autolevantada

50 g/2 oz/½ cunca de améndoas moídas

5 ml/1 cda de levadura en po

5 ml/1 cda de esencia de améndoa (extracto)

Espolvoreo as améndoas e as cereixas sobre a base dun molde engraxado e forrado de 20 cm/ 8 cm. Derrete 50 g/2 oz/¼ cunca de manteiga ou margarina con 50 g/2 oz/¼ de cunca de azucre e, a continuación, bótao sobre as cereixas e as noces. Bata a manteiga ou a margarina e o azucre restantes ata que estean lixeiros e esponxosos, despois batemos os ovos e mesturamos a fariña, as améndoas moídas, o fermento en po e a esencia de améndoas. Coloca a mestura na lata e nivela a parte superior. Ás nun forno precalentado a 160 °C/325 °F/gas marca 3 durante 1 hora. Deixar arrefriar na lata durante uns minutos, despois inverte con coidado sobre unha reixa, raspando calquera parte do papel de forro se é necesario. Deixar arrefriar completamente antes de cortar.

Bandeja de Chips de Chocolate

Fai 24

100 g/4 oz/½ cunca de manteiga ou margarina, amolecida

100 g/4 oz/½ cunca de azucre moreno brando

50 g/2 oz/¼ cunca de azucre moído (superfino).

1 ovo

5 ml/1 cucharadita de esencia de vainilla (extracto)

100 g/4 oz/1 cunca de fariña simple (para todo uso).

2,5 ml/½ cucharadita de bicarbonato de sodio (bicarbonato de sodio)

Un chisco de sal

100 g/4 oz/1 cunca de chips de chocolate

Bate a manteiga ou a margarina e os azucres ata que estean lixeiros e esponxosos, despois engade aos poucos o ovo e a esencia de vainilla. Mesturar a fariña, o bicarbonato de sodio e o sal. Mesturar as pepitas de chocolate. Colocar nun molde cadrado de 25 cm enfariñado e enfariñado e cocer nun forno prequente a 190 °C/375 °F/gas marca 2 durante 15 minutos ata que estean dourados. Deixar arrefriar, logo cortar en cadrados.

Capa de Crumble de Canela

Fai 12

Para a base:

100 g/4 oz/½ cunca de manteiga ou margarina, amolecida

30 ml/2 culleres de sopa de mel transparente

2 ovos, lixeiramente batidos

100 g/4 oz/1 cunca de fariña simple (para todo uso).

Para o crumble:

75 g/3 oz/1/3 cunca de manteiga ou margarina

75 g/3 oz/¾ cunca de fariña simple (para todo uso).

75 g/3 oz/¾ cunca de avea laminada

5 ml/1 cucharadita de canela moída

50 g/2 oz/¼ cunca de azucre demerara

Bata a manteiga ou a margarina e o mel ata que estean lixeiros e esponxosos. Incorpórase aos ovos aos poucos e despois incorporase a fariña. Coloca a metade da mestura nun molde cadrado de 20 cm/8 untado e nivela a superficie.

Para facer o crumble, esfregue a manteiga ou a margarina na fariña ata que a mestura semella pan relado. Mestura a avea, a canela e o azucre. Coloque a metade do crumble na lata, despois cubra coa mestura de bolo restante e despois o resto. Ás nun forno precalentado a 190 °C/375 °F/gas marca 5 durante uns 35 minutos ata que un pincho introducido no centro saia limpo. Deixar arrefriar, logo cortar en barras.

Barras de canela pegajosas

Fai 16

225 g/8 oz/2 cuncas de fariña simple (para todo uso).

10 ml/2 culleres de sopa de fermento en po

225 g/8 oz/1 cunca de azucre moreno brando

15 ml/1 cucharada de manteiga derretida

250 ml/8 fl oz/1 cunca de leite

30 ml/2 culleres de sopa de azucre demerara

10 ml/2 cucharaditas de canela moída

25 g/1 oz/2 culleres de sopa de manteiga, arrefriada e cortada en dados

Mesturar a fariña, o fermento en po e o azucre. Mestura a manteiga derretida e o leite e mestura ben. Preme a mestura en dous moldes cadrados de 23 cm/9. Espolvoreo a parte superior co azucre demerara e a canela, despois preme anacos de manteiga sobre a superficie. Ás nun forno precalentado a 180 °C/350 °F/marca de gas 4 durante 30 minutos. A manteiga fará buracos na mestura e quedará pegajosa mentres se cociña.

Barras de coco

Fai 16

75 g/3 oz/1/3 cunca de manteiga ou margarina

100 g/4 oz/1 cunca de fariña simple (para todo uso).

30 ml/2 culleres de sopa de azucre moído (superfino).

2 ovos

100 g/4 oz/½ cunca de azucre moreno brando

Un chisco de sal

175 g/6 oz/1½ cuncas de coco desecado (rallado).

50 g/2 oz/½ cunca de noces mixtas picadas

Glaseado de laranxa

Fregue a manteiga ou a margarina na fariña ata que a mestura semella pan relado. Incorpórase o azucre e preme nun molde cadrado de 23 cm/9 sen engrasar. Ás nun forno precalentado a 190 °C/350 °F/gas marca 4 durante 15 minutos ata que se fixe.

Mestura os ovos, o azucre moreno e o sal, despois mestura o coco e as noces e espállase pola base. Ás durante 20 minutos ata que estea dourada e fixada. Xeo con xeo de laranxa cando estea arrefriado. Cortar en barras.

Barras de bocadillos de coco e marmelada

Fai 16

25 g/1 oz/2 culleres de sopa de manteiga ou margarina

175 g/6 oz/1½ cuncas de fariña autolevantada

225 g/8 oz/1 cunca de azucre moído (superfino).

2 xemas de ovo

75 ml/5 culleres de sopa de auga

175 g/6 oz/1½ cuncas de coco desecado (rallado).

4 claras de ovo

50 g/2 oz/½ cunca de fariña simple (para todo uso).

100 g/4 oz/1/3 cunca de mermelada de amorodo (conserva)

Frota a manteiga ou a margarina na fariña autolevantada, despois mestura 50 g/2 oz/¼ cunca de azucre. Bater as xemas de ovo e 45 ml/3 culleradas de sopa de auga e mesturar á mestura. Preme na base dun molde suízo de 30 x 20 cm/12 x 8 engraxado e pique cun garfo. Ás nun forno precalentado a 180 °C/350 °F/gas marca 4 durante 12 minutos. Deixar arrefriar.

Poñer nunha tixola o coco, o azucre restante e a auga e unha clara de ovo e remover a lume lento ata que a mestura quede grumosa sen deixar dourada. Deixar arrefriar. Mesturar a fariña simple. Bater as claras restantes ata que estean firmes e, a continuación, dobre á mestura. Estender a marmelada sobre a base, despois untar coa cobertura de coco. Ás no forno durante 30 minutos ata que estean dourados. Deixar arrefriar na lata antes de cortar en barras.

Data e Apple Traybake

Fai 12

1 mazá (tarta) de cocción, pelada, descorazonada e picada

225 g/8 oz/11/3 cuncas de dátiles sen hueso, picados

150 ml/¼ pt/2/3 cunca de auga

350 g/12 oz/3 cuncas de avea laminada

175 g/6 oz/¾ cunca de manteiga ou margarina, derretida

45 ml/3 culleres de sopa de azucre demerara

5 ml/1 cucharadita de canela moída

Poñer nunha tixola as mazás, os dátiles e a auga e cociñar a lume lento durante uns 5 minutos ata que as mazás estean brandas. Deixar arrefriar. Mestura a avea, a manteiga ou a margarina, o azucre e a canela. Colocar a metade nun molde cadrado de 20 cm/8 untado e nivelar a superficie. Cubra coa mestura de mazá e dátiles, despois cubra coa mestura de avea restante e nivele a superficie. Preme suavemente. Ás nun forno precalentado a 190 °C/375 °F/gas marca 5 durante uns 30 minutos ata que estean dourados. Deixar arrefriar, logo cortar en barras.

Rebanadas de data

Fai 12

225 g/8 oz/11/3 cuncas de dátiles sen hueso, picados

30 ml/2 culleres de sopa de mel transparente

30 ml/2 culleres de sopa de zume de limón

225 g/8 oz/1 cunca de manteiga ou margarina

225 g/8 oz/2 cuncas de fariña integral (integral).

225 g/8 oz/2 cuncas de avea laminada

75 g/3 oz/1/3 cunca de azucre moreno brando

Ferva os dátiles, o mel e o zume de limón a lume lento durante uns minutos ata que os dátiles estean brandos. Fregue a manteiga ou a margarina na fariña e a avea ata que a mestura se asemella a pan relado, despois mestura o azucre. Colocar a metade da mestura nun molde cadrado de 20 cm/8 engraxado e forrado. Coloque a mestura de dátiles por enriba e, a continuación, remate coa mestura de bolo restante. Prema firmemente. Ás nun forno precalentado a 190 °C/375 °F/gas marca 5 durante 35 minutos ata que estea suave ao tacto. Deixar arrefriar na lata, cortando en rodajas mentres aínda quente.

Barras de citas da avoa

Fai 16

100 g/4 oz/½ cunca de manteiga ou margarina, amolecida

225 g/8 oz/1 cunca de azucre moreno brando

2 ovos, lixeiramente batidos

175 g/6 oz/1½ cuncas de fariña simple (para todo uso).

2,5 ml/½ cucharadita de bicarbonato de sodio (bicarbonato de sodio)

5 ml/1 cucharadita de canela moída

Un chisco de cravo moído

Un chisco de noz moscada relada

175 g/6 oz/1 cunca de dátiles sen hueso, picados

Bate a manteiga ou a margarina e o azucre ata que estea lixeiro e esponxoso. Engadir os ovos aos poucos, batendo ben despois de cada engadido. Mestura os ingredientes restantes ata que estean ben mesturados. Colocar nun molde cadrado de 23 cm enfariñado e enfariñado e cocer nun forno prequecido a 180°C/350°F/gas marca 4 durante 25 minutos ata que un pincho introducido no centro saia limpo. Deixar arrefriar, logo cortar en barras.

Barras de data e avea

Fai 16

175 g/6 oz/1 cunca de dátiles sen hueso, picados

15 ml/1 colher de sopa de mel transparente

30 ml/2 culleres de sopa de auga

225 g/8 oz/2 cuncas de fariña integral (integral).

100 g/4 oz/1 cunca de avea laminada

100 g/4 oz/½ cunca de azucre moreno brando

150 g/5 oz/2/3 cunca de manteiga ou margarina, derretida

Cocer os dátiles, o mel e a auga nunha tixola pequena ata que os dátiles estean brandos. Mestura a fariña, a avea e o azucre, despois mestura a manteiga derretida ou a margarina. Preme a metade da mestura nun molde cadrado de 18 cm/7 engraxado, espolvoreo coa mestura de dátiles, despois cubra coa mestura de avea restante e prema suavemente. Ás nun forno precalentado a 180 °C/350 °F/gas marca 4 durante 1 hora ata que estea firme e dourada. Deixar arrefriar na lata, cortando en barras mentres aínda quente.

Barras de dátiles e noces

Fai 12

100 g/4 oz/½ cunca de manteiga ou margarina, amolecida

150 g/5 oz/2/3 cunca de azucre moído (superfino).

1 ovo, lixeiramente batido

100 g/4 oz/1 cunca de fariña autolevantada

225 g/8 oz/11/3 cuncas de dátiles sen hueso, picados

100 g/4 oz/1 cunca de noces picadas

15 ml/1 cucharada de leite (opcional)

100 g/4 oz/1 cunca de chocolate simple (semidoce).

Bate a manteiga ou a margarina e o azucre ata que estea lixeiro e esponxoso. Mesturar o ovo, despois a fariña, os dátiles e as noces, engadindo un pouco de leite se a mestura está moi dura. Colocar nunha culler de 30 x 20 cm/12 x 8 nun molde suízo (rolo de marmelada) e cocer nun forno precalentado a 180 °C/350 °F/gas marca 4 durante 30 minutos ata que estea elástico ao tacto. Deixar arrefriar.

Derrete o chocolate nunha tixela resistente á calor sobre unha pota con auga fervendo suavemente. Repartir sobre a mestura e deixar arrefriar e fixar. Cortar en barras cun coitelo afiado.

Barras de Fig

Fai 16

225 g/8 oz de figos frescos picados

30 ml/2 culleres de sopa de mel transparente

15 ml/1 colher de sopa de zume de limón

225 g/8 oz/2 cuncas de fariña integral (integral).

225 g/8 oz/2 cuncas de avea laminada

225 g/8 oz/1 cunca de manteiga ou margarina

75 g/3 oz/1/3 cunca de azucre moreno brando

Ferva os figos, o mel e o zume de limón a lume lento durante 5 minutos. Deixar arrefriar un pouco. Mesturar a fariña e a avea, despois fregar a manteiga ou a margarina e mesturar o azucre. Preme a metade da mestura nun molde cadrado de 20 cm/8 engraxado e, a continuación, bota a mestura de figos por enriba. Cubra coa mestura de bolo restante e prema firmemente. Ás nun forno precalentado a 180 °C/350 °F/gas marca 4 durante 30 minutos ata que estean dourados. Deixar arrefriar na lata, despois cortar en rodajas mentres aínda quente.

Flapjacks

Fai 16

75 g/3 oz/1/3 cunca de manteiga ou margarina

50 g/2 oz/3 culleres de sopa de xarope dourado (millo claro).

100 g/4 oz/½ cunca de azucre moreno brando

175 g/6 oz/1½ cuncas de avea laminada

Derrete a manteiga ou a margarina co xarope e o azucre, despois mestura a avea. Preme nun molde cadrado de 20 cm de espesor e coce nun forno prequentado a 180 °C durante uns 20 minutos ata que estean lixeiramente dourados. Deixar arrefriar un pouco antes de cortar en barras, despois deixar arrefriar completamente na lata antes de desfacerse.

Flapjacks de cereixa

Fai 16

75 g/3 oz/1/3 cunca de manteiga ou margarina

50 g/2 oz/3 culleres de sopa de xarope dourado (millo claro).

100 g/4 oz/½ cunca de azucre moreno brando

175 g/6 oz/1½ cuncas de avea laminada

100 g/4 oz/1 cunca de cereixas glacé (confitadas), picadas

Derrete a manteiga ou a margarina co xarope e o azucre, despois mestura a avea e as cereixas. Preme nun molde cadrado de 20 cm engraxado e coce nun forno prequentado a 180 °C/350 °F/gas marca 4 durante uns 20 minutos ata que estean lixeiramente dourados. Deixar arrefriar un pouco antes de cortar en barras, despois deixar arrefriar completamente na lata antes de desfacerse.

Flapjacks de chocolate

Fai 16

75 g/3 oz/1/3 cunca de manteiga ou margarina

50 g/2 oz/3 culleres de sopa de xarope dourado (millo claro).

100 g/4 oz/½ cunca de azucre moreno brando

175 g/6 oz/1½ cuncas de avea laminada

100 g/4 oz/1 cunca de chips de chocolate

Derrete a manteiga ou a margarina co xarope e o azucre, despois mestura a avea e as pepitas de chocolate. Preme nun molde cadrado de 20 cm/8 de manteiga e coce nun forno precalentado a 180°C/350°F/gas marca 4 durante uns 20 minutos ata que estean lixeiramente dourados. Deixar arrefriar un pouco antes de cortar en barras, despois deixar arrefriar completamente na lata antes de desfacerse.

Flapjacks de froitas

Fai 16

75 g/3 oz/1/3 cunca de manteiga ou margarina

100 g/4 oz/½ cunca de azucre moreno brando

50 g/2 oz/3 culleres de sopa de xarope dourado (millo claro).

175 g/6 oz/1½ cuncas de avea laminada

75 g/3 oz/½ cunca de pasas, sultanas ou outros froitos secos

Derrete a manteiga ou a margarina co azucre e o xarope, despois mestura a avea e as pasas. Preme nun molde cadrado de 20 cm engraxado e coce nun forno prequentado a 180 °C/350 °F/gas marca 4 durante uns 20 minutos ata que estean lixeiramente dourados. Deixar arrefriar un pouco antes de cortar en barras, despois deixar arrefriar completamente na lata antes de desfacerse.

Flapjacks de froitas e noces

Fai 16

75 g/3 oz/1/3 cunca de manteiga ou margarina

100 g/4 oz/1/3 cunca de mel transparente

50 g/2 oz/1/3 cunca de pasas

50 g/2 oz/½ cunca de noces, picadas

175 g/6 oz/1½ cuncas de avea laminada

Derrete a manteiga ou a margarina co mel a lume suave. Mesturar as pasas, as noces e a avea e mesturar ben. Colocar nun molde cadrado de 23 cm/9 untado de manteiga e cocer nun forno prequentado a 180°C/350°F/gas marca 4 durante 25 minutos. Deixar arrefriar na lata, cortando en barras mentres aínda quente.

Flapjacks de xenxibre

Fai 16

75 g/3 oz/1/3 cunca de manteiga ou margarina

100 g/4 oz/½ cunca de azucre moreno brando

50 g/2 oz/3 culleres de sopa de xarope dun frasco de xenxibre

175 g/6 oz/1½ cuncas de avea laminada

4 pezas de xenxibre de tallo, finamente picado

Derrete a manteiga ou a margarina co azucre e o xarope, despois mestura a avea e o xenxibre. Preme nun molde cadrado de 20 cm/8 de manteiga e coce nun forno precalentado a 180°C/350°F/gas marca 4 durante uns 20 minutos ata que estean lixeiramente dourados. Deixar arrefriar un pouco antes de cortar en barras, despois deixar arrefriar completamente na lata antes de desfacerse.

Flapjacks de noces

Fai 16

75 g/3 oz/1/3 cunca de manteiga ou margarina

50 g/2 oz/3 culleres de sopa de xarope dourado (millo claro).

100 g/4 oz/½ cunca de azucre moreno brando

175 g/6 oz/1½ cuncas de avea laminada

100 g/4 oz/1 cunca de noces mixtas picadas

Derrete a manteiga ou a margarina co xarope e o azucre, despois mestura a avea e as noces. Preme nun molde cadrado de 20 cm/8 de manteiga e coce nun forno precalentado a 180°C/350°F/gas marca 4 durante uns 20 minutos ata que estean lixeiramente dourados. Deixar arrefriar un pouco antes de cortar en barras, despois deixar arrefriar completamente na lata antes de desfacerse.

Shortbreads de limón afilados

Fai 16

100 g/4 oz/1 cunca de fariña simple (para todo uso).

100 g/4 oz/½ cunca de manteiga ou margarina, amolecida

75 g/3 oz/½ cunca de azucre glas (reposteiro), tamizado

2,5 ml/½ cucharadita de levadura en po

Un chisco de sal

30 ml/2 culleres de sopa de zume de limón

10 ml/2 culleres de té de casca de limón relada

Mestura a fariña, a manteiga ou a margarina, o azucre glas e o fermento en po. Preme nun molde cadrado de 23 cm/9 engraxado e coce nun forno prequentado a 180°C/350°F/gas marca 4 durante 20 minutos.

Mestura o resto dos ingredientes e bate ata que estea lixeiro e esponxoso. Colocar sobre a base quente, reducir a temperatura do forno a 160 °C/325 °F/marca de gas 3 e volver ao forno durante 25 minutos máis ata que estea suave ao tacto. Deixar arrefriar, logo cortar en cadrados.

Prazas de moca e coco

Fai 20

1 ovo

100 g/4 oz/½ cunca de azucre moído (superfino).

100 g/4 oz/1 cunca de fariña simple (para todo uso).

10 ml/2 culleres de sopa de fermento en po

Un chisco de sal

75 ml/5 culleres de sopa de leite

75 g/3 oz/1/3 cunca de manteiga ou margarina, derretida

15 ml/1 colher de sopa de cacao (chocolate sen azucre) en po

2,5 ml/½ cucharadita de esencia de vainilla (extracto)

Para a cobertura:

75 g/3 oz/½ cunca de azucre glas (reposteiro), tamizado

50 g/2 oz/¼ cunca de manteiga ou margarina, derretida

45 ml/3 culleres de sopa de café negro forte quente

15 ml/1 colher de sopa de cacao (chocolate sen azucre) en po

2,5 ml/½ cucharadita de esencia de vainilla (extracto)

25 g/1 oz/¼ cunca de coco desecado (rallado).

Bater os ovos e o azucre ata que estean lixeiros e esponxosos. Incorpórase a fariña, o fermento en po e o sal alternativamente co leite e a manteiga derretida ou a margarina. Mesturar a esencia de cacao e vainilla. Coloca a mestura nun molde cadrado de 20 cm/8 de manteiga de manteiga e coce nun forno prequecido a 200 °C/400 °F/gas marca 6 durante 15 minutos ata que estea ben levado e elástico ao tacto.

Para facer a cobertura, mestura o azucre glas, a manteiga ou a margarina, o café, o cacao e a esencia de vainilla. Estender sobre o bolo morno e espolvorear coco. Deixar arrefriar na lata, despois desmoldar e cortar en cadrados.

Ola Dolly Cookies

Fai 16

100 g/4 oz/½ cunca de manteiga ou margarina

100 g/4 oz/1 cunca de biscoito dixestivo

(galleta Graham) migallas

100 g/4 oz/1 cunca de chips de chocolate

100 g/4 oz/1 cunca de coco desecado (rallado).

100 g/4 oz/1 cunca de noces picadas

400 g/14 oz/1 lata grande de leite condensado

Derreter a manteiga ou a margarina e mesturar as migas de biscoito. Preme a mestura na base dun molde de 28 x 18 cm/11 x 7 untado e forrado con papel aluminio. Espolvoreo coas pepitas de chocolate, despois o coco e, por último, as noces. Verter o leite condensado por riba e cocer nun forno prequentado a 180 °C/350 °F/marca de gas 4 durante 25 minutos. Cortar en barras mentres aínda quente, despois deixar arrefriar completamente.

Barras de noces e chocolate de coco

Fai 12

75 g/3 oz/¾ cunca de chocolate con leite

75 g/3 oz/¾ de cunca de chocolate simple (semidoce).

75 g/3 oz/1/3 cunca de manteiga de cacahuete crocante

75 g/3 oz/¾ cunca de migas de biscoito dixestivo (galleta Graham).

75 g/3 oz/¾ cunca de noces, trituradas

75 g/3 oz/¾ de cunca de coco desecado (rallado).

75 g/3 oz/¾ cunca de chocolate branco

Derrete o chocolate con leite nunha tixela resistente á calor sobre unha pota con auga fervendo suavemente. Esténdese sobre a base dun molde cadrado de 23 cm/7 e déixase ferver.

Derrete suavemente o chocolate simple e a manteiga de cacahuete a lume lento, despois mestura as migas de biscoito, as noces e o coco. Untar sobre o chocolate preparado e arrefriar ata que se fixe.

Derrete o chocolate branco nunha cunca resistente á calor posta sobre unha pota con auga fervendo suavemente. Bota sobre as galletas nun patrón, despois deixa que se faga antes de cortar en barras.

Cadrados de noces

Fai 12

75 g/3 oz/¾ de cunca de chocolate simple (semidoce).

50 g/2 oz/¼ cunca de manteiga ou margarina

100 g/4 oz/½ cunca de azucre moído (superfino).

2 ovos

5 ml/1 cucharadita de esencia de vainilla (extracto)

75 g/3 oz/¾ cunca de fariña simple (para todo uso).

2,5 ml/½ cucharadita de levadura en po

100 g/4 oz/1 cunca de noces mixtas picadas

Derrete o chocolate nunha cunca resistente á calor sobre unha pota con auga fervendo suavemente. Mestura a manteiga ata que se derrita, despois mestura o azucre. Retirar do lume e bater os ovos e a esencia de vainilla. Engade a fariña, o fermento en po e as noces. Coloca a mestura nun molde cadrado de 25 cm/10 de espesor e cóceo nun forno prequentado a 180 °C/350 °F durante 15 minutos ata que estean dourados. Cortar en cadrados pequenos mentres aínda está quente.

Rebanadas de pacanas de laranxa

Fai 16

375 g/13 oz/3¼ cuncas de fariña simple (para todo uso).

275 g/10 oz/1¼ cuncas de azucre moído (superfino).

5 ml/1 cda de levadura en po

75 g/3 oz/1/3 cunca de manteiga ou margarina

2 ovos, batidos

175 ml/6 fl oz/¾ cunca de leite

200 g/7 oz/1 lata pequena de mandarinas, escurridas e picadas grosamente

100 g/4 oz/1 cunca de noces pecanas picadas

Casca finamente ralada de 2 laranxas

10 ml/2 cucharaditas de canela moída

Mestura 325 g/12 oz/3 cuncas de fariña, 225 g/8 oz/1 cunca de azucre e o fermento en po. Derrete 50 g/2 oz/¼ cunca de manteiga ou margarina e mestura os ovos e o leite. Mestura o líquido suavemente cos ingredientes secos ata que quede suave. Engade as mandarinas, as noces pecanas e a casca de laranxa. Verter nun molde engraxado e forrado de 30 x 20 cm/12 x 8 cm. Frota o resto da fariña, o azucre, a manteiga e a canela e espolvoreo sobre o bolo. Ás nun forno precalentado a 180 °C/350 °F/gas marca 4 durante 40 minutos ata que estean dourados. Deixar arrefriar na lata, despois cortar nunhas 16 rodajas.

Parkin

Fai 16 cadrados

100 g/4 oz/½ cunca de porco de porco (curto)

100 g/4 oz/½ cunca de manteiga ou margarina

75 g/3 oz/1/3 cunca de azucre moreno brando

100 g/4 oz/1/3 cunca de xarope dourado (millo claro).

100 g/4 oz/1/3 cunca de melaza negra (melaza)

10 ml/2 cucharaditas de bicarbonato de sodio (bicarbonato de sodio)

150 ml/¼ pt/2/3 cunca de leite

225 g/8 oz/2 cuncas de fariña integral (integral).

225 g/8 oz/2 cuncas de avea

10 ml/2 cucharaditas de xenxibre moído

2,5 ml/½ cucharadita de sal

Derrete nunha pota a manteiga de porco, a manteiga ou a margarina, o azucre, o xarope e a melaza. Disolver o bicarbonato de sodio no leite e mesturar na tixola co resto dos ingredientes. Colocar nunha culler nun molde cadrado de 20 cm/8 cm de espesor e cocer nun forno prequentado a 160°C/325°F/gas marca 3 durante 1 hora ata que estea firme. Pode afundirse no medio. Deixar arrefriar, logo gardar nun recipiente hermético durante uns días antes de cortar en cadrados e servir.

Barras de manteiga de cacahuete

Fai 16

100 g/4 oz/1 cunca de manteiga ou margarina

175 g/6 oz/1¼ cuncas de fariña simple (para todo uso).

175 g/6 oz/¾ cunca de azucre moreno brando

75 g/3 oz/1/3 cunca de manteiga de cacahuete

Un chisco de sal

1 xema de ovo pequena, batida

2,5 ml/½ cucharadita de esencia de vainilla (extracto)

100 g/4 oz/1 cunca de chocolate simple (semidoce).

50 g/2 oz/2 cuncas de cereal de arroz inflado

Fregue a manteiga ou a margarina na fariña ata que a mestura semella pan relado. Mestura o azucre, 30 ml/2 culleradas de sopa de manteiga de cacahuete e o sal. Incorpórase a xema de ovo e a esencia de vainilla e mestura ata que estea ben mesturado. Preme nun molde cadrado de 25 cm/10 cm. Ás nun forno precalentado a 160 °C/325 °F/gas marca 3 durante 30 minutos ata que estea subido e elástico ao tacto.

Derrete o chocolate nunha cunca resistente á calor sobre unha pota con auga fervendo suavemente. Retirar do lume e mesturar a manteiga de cacahuete restante. Mestura o cereal e mestura ben ata que estea cuberto coa mestura de chocolate. Colocar sobre o bolo e nivelar a superficie. Deixar arrefriar, despois arrefriar e cortar en barras.

Rebanadas de picnic

Fai 12

225 g/8 oz/2 cuncas de chocolate simple (semidoce).

50 g/2 oz/¼ cunca de manteiga ou margarina, amolecida

100 g/4 oz/½ cunca de azucre moído

1 ovo, lixeiramente batido

100 g/4 oz/1 cunca de coco desecado (rallado).

50 g/2 oz/1/3 cunca de sultanas (uvas pasas douradas)

50 g/2 oz/¼ cunca de cereixas glacé (confitadas), picadas

Derrete o chocolate nunha tixela resistente á calor sobre unha pota con auga fervendo suavemente. Verter na base dun molde suízo de 30 x 20 cm/12 x 8 cm untado e forrado. Bate a manteiga ou a margarina e o azucre ata que estea lixeiro e esponxoso. Engade gradualmente o ovo, despois mestura o coco, as sultanas e as cereixas. Estender sobre o chocolate e cocer nun forno precalentado a 150 °C/300 °F/gas marca 3 durante 30 minutos ata que estean dourados. Deixar arrefriar, logo cortar en barras.

Barras de ananás e coco

Fai 20

1 ovo

100 g/4 oz/½ cunca de azucre moído (superfino).

75 g/3 oz/¾ cunca de fariña simple (para todo uso).

5 ml/1 cda de levadura en po

Un chisco de sal

75 ml/5 culleres de sopa de auga

Para a cobertura:

200 g/7 oz/1 lata pequena de ananás, escurrida e picada

25 g/1 oz/2 culleres de sopa de manteiga ou margarina

50 g/2 oz/¼ cunca de azucre moído (superfino).

1 xema de ovo

25 g/1 oz/¼ cunca de coco desecado (rallado).

5 ml/1 cucharadita de esencia de vainilla (extracto)

Bater o ovo e o azucre ata que estea claro e pálido. Engade a fariña, o fermento en po e o sal alternativamente coa auga. Colocar nun molde cadrado de 18 cm enfariñado e enfariñado e cocer nun forno prequente a 200°C/400°F/gas marca 6 durante 20 minutos ata que estea ben levado e elástico ao tacto. Colocar a piña sobre o bolo quente. Quenta o resto dos ingredientes da cobertura nunha tixola pequena a lume lento, mexendo continuamente ata que estea ben mesturado sen deixar ferver a mestura. Culler sobre a piña, despois volva a torta ao forno durante 5 minutos máis ata que a cobertura quede dourada. Deixar arrefriar na lata durante 10 minutos e, a continuación, pór sobre unha reixa para que remate de arrefriar antes de cortar en barras.

Bolo de levadura de ameixa

Fai 16

15 g/½ oz de levadura fresca ou 20 ml/4 cdas de levadura seca

50 g/2 oz/¼ cunca de azucre moído (superfino).

150 ml/¼ pt/2/3 cunca de leite morno

50 g/2 oz/¼ cunca de manteiga ou margarina, derretida

1 ovo

1 xema de ovo

250 g/9 oz/2¼ cuncas de fariña simple (para todo uso).

5 ml/1 cda de casca de limón ralada finamente

675 g/1½ lb de ameixas, cortadas en cuartos e sen pedra (deshuesadas)

Azucre glas (de repostería), peneirado, para espolvorear

Canela moída

Mestura a levadura con 5 ml/1 cullerada de azucre e un pouco de leite morno e deixa nun lugar cálido durante 20 minutos ata que estea espumosa. Bater o azucre e o leite restantes coa manteiga derretida ou a margarina, o ovo e a xema. Mesturar a fariña e a casca de limón nunha cunca e facer un pozo no centro. Incorporar gradualmente a mestura de fermento e a mestura de ovos para formar unha masa suave. Bater ata que a masa estea moi suave e comezan a formarse burbullas na superficie. Preme suavemente nun molde cadrado de 25 cm/10 enfariñado e enfariñado. Dispoña as ameixas xuntas sobre a parte superior da masa. Cubra con papel film engrasado (envoltura de plástico) e deixe nun lugar cálido durante 1 hora ata que dobre o seu tamaño. Coloque nun forno precalentado a 200 °C/400 °F/gas marca 6, despois reduza inmediatamente a temperatura do forno a 190 °C/375 °F/gas marca 5 e hornee durante 45 minutos. Reducir a temperatura do forno de novo a 180 °C/350 °F/marca de gas 4 e cocer durante 15 minutos máis ata que estean dourados. Espolvorear o bolo con azucre glas e canela mentres aínda está quente, despois deixar arrefriar e cortar en cadradiños.

Barras de cabaza americana

Fai 20

2 ovos

175 g/6 oz/¾ cunca de azucre moído (superfino).

120 ml/4 fl oz/½ cunca de aceite

225 g/8 oz de cabaza cocida e cortada en dados

100 g/4 oz/1 cunca de fariña simple (para todo uso).

5 ml/1 cda de levadura en po

5 ml/1 cucharadita de canela moída

2,5 ml/½ cucharadita de bicarbonato de sodio (bicarbonato de sodio)

50 g/2 oz/1/3 cunca de sultanas (uvas pasas douradas)

Glaseado de queixo crema

Bater os ovos ata que estean lixeiros e esponxosos, despois bater o azucre e o aceite e mesturar a cabaza. Bata a fariña, o fermento en po, a canela e o bicarbonato de sodio ata que estean ben mesturados. Mesturar as sultanas. Verter a mestura nun molde suízo de 30 x 20 cm/12 x 8 cm (12 x 8 cm) untado e enfariñado e cocer nun forno prequentado a 180 °C/350 °F/gas marca 4 durante 30 minutos ata que se introduza un pincho. no centro sae limpo. Deixar arrefriar, despois untar con glaseado de queixo crema e cortar en barras.

Barras de marmelo e améndoa

Fai 16

450 g/1 lb de marmelo

50 g/2 oz/¼ cunca de porco de porco (curto)

50 g/2 oz/¼ cunca de manteiga ou margarina

100 g/4 oz/1 cunca de fariña simple (para todo uso).

30 ml/2 culleres de sopa de azucre moído (superfino).

Uns 30 ml/2 culleres de sopa de auga

Para o recheo:
75 g/3 oz/1/3 cunca de manteiga ou margarina, amolecida

100 g/4 oz/½ cunca de azucre moído (superfino).

2 ovos

Unhas gotas de esencia de améndoa (extracto)

100 g/4 oz/1 cunca de améndoas moídas

25 g/1 oz/¼ cunca de fariña simple (para todo uso).

50 g/2 oz/½ cunca de améndoas en escamas (laminadas).

Pelar, pelar e cortar os marmelos en rodajas finas. Coloque nunha tixola e só cubra con auga. Poñer a ferver e cociñar uns 15 minutos ata que estea suave. Escorrer o exceso de auga.

Frota a manteiga de porco e a manteiga ou a margarina na fariña ata que a mestura semella pan relado. Mestura o azucre. Engade auga suficiente para mesturar a unha masa suave, despois estea sobre unha superficie lixeiramente enhariñada e úsao para forrar a base e os lados dunha lata suíza de 30 x 20 cm (12 x 8 en rollo). Pinchar todo cun garfo. Usando unha culler ranurada, dispoñemos os marmelos sobre a masa.

Bata a manteiga ou a margarina e o azucre e, a continuación, bata aos poucos os ovos e a esencia de améndoa. Engade as améndoas moídas e a fariña e colócalles os marmelos. Espolvoreo as améndoas laminadas por enriba e asar nun forno prequecido a 180 °C/350 °F/gas marca 4 durante 45 minutos ata que estean firmes e douradas. Cortar en cadrados cando estea arrefriado.

Barras de pasas

Fai 12

175 g/6 oz/1 cunca de pasas

250 ml/8 fl oz/1 cunca de auga

75 ml/5 culleres de sopa de aceite

225 g/8 oz/1 cunca de azucre moído (superfino).

1 ovo, lixeiramente batido

200 g/7 oz/1¾ cuncas de fariña simple (para todo uso).

1,5 ml/¼ cucharadita de sal

5 ml/1 cucharadita de bicarbonato de sodio (bicarbonato de sodio)

5 ml/1 cucharadita de canela moída

2,5 ml/½ cucharadita de noz moscada relada

2,5 ml/½ cucharadita de pementa moída

Un chisco de cravo moído

50 g/2 oz/½ cunca de chips de chocolate

50 g/2 oz/½ cunca de noces, picadas

30 ml/2 culleres de sopa de azucre glas (repostería), tamizado

Poñer a ferver as pasas e regar, despois engadir o aceite, retirar do lume e deixar arrefriar un pouco. Mestura o azucre moído e o ovo. Mestura a fariña, o sal, o bicarbonato de sodio e as especias. Mesturar coa mestura de pasas, despois mesturar as pepitas de chocolate e as noces. Colocar nunha culler de 30 cm/12 nun molde cadrado de bolo (forma) e cocer nun forno prequentado a 190 °C/375 °F/gas marca 5 durante 25 minutos ata que o bolo comece a encollerse dos lados do molde. Deixar arrefriar antes de espolvorear con azucre glas e cortar en barras.

Avea de framboesa cadrados

Fai 12

175 g/6 oz/¾ cunca de manteiga ou margarina

225 g/8 oz/2 cuncas de fariña autolevantada

5 ml/1 cda de sal

175 g/6 oz/1½ cuncas de avea laminada

175 g/6 oz/¾ cunca de azucre moído (superfino).

300 g/11 oz/1 lata mediana de framboesas, escurridas

Frota a manteiga ou a margarina na fariña e o sal, despois mestura a avea e o azucre. Preme a metade da mestura nun molde cadrado de 25 cm/10 engraxado. Esparexe as framboesas por enriba e cubra coa mestura restante, premendo ben. Ás nun forno precalentado a 200 °C/400 °F/gas marca 6 durante 20 minutos. Deixar arrefriar un pouco na lata antes de cortar en cadrados.

www.ingramcontent.com/pod-product-compliance
Lightning Source LLC
Chambersburg PA
CBHW050159130526
44591CB00034B/1377